小语典

**语文教育文库**

为教师专业发展蓄力赋能

# 30天读课程标准

YUEDU JILU
修订版

小学语文特级教师的阅读记录

高子阳 著

济南出版社

### 图书在版编目（CIP）数据

30 天读课程标准：小学语文特级教师的阅读记录 / 高子阳著 . —济南：济南出版社，2022.10（2024.1 重印）
ISBN 978-7-5488-5251-3

Ⅰ . ①3… Ⅱ . ①高… Ⅲ . ①小学语文课—课程标准
Ⅳ . ① G623.202

中国版本图书馆 CIP 数据核字（2022）第 201513 号

**30 天读课程标准：小学语文特级教师的阅读记录**
SANSHITIAN DU KECHENG BIAOZHUN：XIAOXUE YUWEN TEJI JIAOSHI DE YUEDU JILU
高子阳　著

责任编辑　张慧泉　高茜茜
装帧设计　胡大伟

出版发行　济南出版社
地　　址　山东省济南市二环南路 1 号（250002）
总 编 室　0531-86131715
印　　刷　济南新科印务有限公司
版　　次　2022 年 10 月第 1 版
印　　次　2024 年 1 月第 2 次印刷
开　　本　170mm×240mm　1/16
印　　张　16
字　　数　194 千字
书　　号　ISBN 978-7-5488-5251-3
定　　价　68.00 元

如有印装质量问题　请与出版社出版部联系调换
电话：0531-86131716

版权所有　盗版必究

# 收获的不仅是解读

——读高子阳《30天读课程标准》

孙小冬

对《义务教育语文课程标准（2022年版）》有怀疑的想法也好，有抵触的情绪也罢，都无法改变一个重要的事实，那就是新课程标准的颁布是2022年最重要的语文事件，在今后的10年甚至更长的时间里，它必将对语文教育教学产生深远的影响。所以，读新课程标准、读懂新课程标准是我们每个语文教师都必须面对的最急迫、最重要的任务。

这段时间翻阅过很多解读新课程标准的专著，如果只推荐一本的话，笔者会毫不犹豫地推荐高子阳老师的《30天读课程标准》。是的，高子阳老师不是课标组专家，不是高校教授，他就是一个头发花白、身形微微有些胖的老教师。他和我们一样，每天都在忙着备课、上课、批改作业、应对各种各样的检查，但这本书鲜明的特点让笔者不得不做出这样的选择。

首先，这是一本非常"好看"的书。所谓"好看"是说这本书深入浅出，通俗易懂。坦率地说，包括笔者在内的很多一线教师对一些教育教学理论专著抱着的是一种敬而远之的态度。不是这些书水平不高，而是它们的水平太高，高深莫测的理论、佶屈聱牙的表达让我们望而生畏，常常是翻过一页、两页之后就丢到一边再也不看了。笔者当然不是批评这一类专著，但如果要解读新课程标准，就一定得面向全国成千上万的一线教师，就必须让教师们愿意读、读得懂。如果一本书总是被束之高阁，它的价值又怎么能得到体现呢？高子阳老师显然很重视这一点，他曾说过，他总是会反复推敲他的文章，看看有没有生涩的词语，有没有拗口的句子，如果有就一定要改过来，他要让每一个读者都能顺畅地把书读下去。这本书也是这样的，它不存在任何阅读上的障碍，读着读着，你甚至会感觉高子阳老师就是办公室里的一个老同事，他就坐在你的对面，在跟你聊天，在跟你争论——这是一种非常特别的阅读体验，是阅读理论专著很难拥有的体验。

其次，这是一本值得信任的书。说这本书值得信任当然是因为它的质量和水准，不过高子阳老师特别的工作、研究经历更给这本书增添了可信度。高子阳老师 2010 年被评为江苏省特级教师，2016 年被评为中国推动阅读十大人物，2017 年被评为正高级教师，这些年他每年都会有一本专著出版。现在一个普遍存在的现象是，教师优秀到一定程度要么脱离了专业走上行政岗位，要么脱离了教学一线从事专门的研究工作。但高子阳老师自 1989 年中师毕业之后就一直在一线教书，他笑称自己当过的最大的官就是班主任。因为一直在教学一线，高子阳老师深知一线教师学习新课程标准的堵点和痛点在哪里、盲点和断点在哪里——这是高子阳老师跟其他解读新课程标准的专家最大的不同。因为这个不同点，说《30 天读课程标准》是专门为一线教师写的、是写到一线教师心里去的一本书也不为过。

笔者还注意到，早在 20 多年前高子阳老师就开始了对课程标准的研究工作。2002 年，《课程·教材·教法》转载了他质疑《义务教育语文课程标准（2001 年版）》的有关文章；《义务教育语文课程标准（2011 年版）》颁布后，他又在《中学语文教学参考》等刊物发表了近

2万字的研究论文。此外，高子阳老师还广泛、深入地研究了加拿大、日本、中国台湾等国家和地区的课程标准。这些研究让他拥有了一个较高的视点，在这个视点上他可以看清课程标准的"前世今生"，可以大致判断课程标准（语文教学）发展的方向——这是他解读《义务教育语文课程标准（2022年版）》的重要基础，让他的一些设想更具前瞻性，也让他的一些判断更具说服力。

一本书好读且值得信任已很不容易，但在笔者看来，《30天读课程标准》的亮点还远远不止这些。估计不少一线教师跟笔者一样，面对100多页的新课程标准，面对新课程标准里那么多的新术语、新理念、新目标是有些慌乱和手足无措的，但高子阳老师的这本书会让我们的心安稳下来，他会教我们怎么去解读新课程标准，怎么一步步地走进新课程标准。

高子阳老师解读新课程标准的第一个方法是细读。但请注意，高子阳老师说的细读不仅是一字一句地读，他还会做一些有意思的梳理。比如，对"表达与交流"板块中一些关键词语出现的频率，他做了这样的统计：

| "表达与交流"板块关键词的出现频率 ||||||||
| --- | --- | --- | --- | --- | --- | --- | --- |
| | 写话 | 习作 | 写作 | 表达 | 创意 | 创作 | 交流 |
| 2011年版 | 6 | 16 | 39 | 56 | 5 | 0 | 20 |
| 2022年版 | 2 | 10 | 14 | 121 | 10 | 4 | 85 |

也许有教师会想，细读到这种程度有必要吗？答案当然是肯定的。通过这两组数据的对比，高子阳老师发现，新课程标准虽然没有取消"写话、习作、写作"，但从出现频率的减少上可以看出它们正在被逐步淡化。与之相反的是，"表达、创意、交流"等词语出现的频率大幅度增加，"创作"更是首次走进了课程标准。这说明，"表达、创意、

创作、交流"将是今后教学的主流,而这一变化是尊重儿童、发现儿童,用好儿童天生的创造力,让儿童爱上写作的表现,这显然比《义务教育语文课程标准(2011年版)》单纯以"降低写作难度让学生喜欢写作"的认知更全面、更科学、更有效。

一点都不夸张地说,在这本书里随处都能看到这种有着鲜明"高子阳风格"的细读方式。它让笔者惊叹,也让笔者意识到,之前读新课程标准之所以觉得纷繁杂乱、茫然无绪就是缺少了这种细读方式。急于求成、囫囵吞枣怎能把新课程标准读懂、读通呢?

高子阳老师解读新课程标准的第二个方法是质疑。对于质疑,不少教师往往有两个误区:一是认为自己仅仅是个普通教师,没有能力去质疑由顶级专家团队花了很多精力研究出来的文本;二是认为新课程标准是国家发布的、具有权威性的文件,不存在质疑的可能。其实,质疑不是为了证明或推翻什么,它是读者与文本、与作者互相倾听、不断碰撞、不断进行自我建构的一种方式。何况,我们一线教师有着丰富的实践经验,在这方面我们也堪称专家,我们是有质疑的底气和能力的。谁能说课程标准一次次的升级换代没有来自我们一线教师的智慧和力量呢?

这本书里有很多质疑的声音,这些质疑都让人有眼前一亮的感觉。比如,高子阳老师认为"倡导、提倡、建议"等说法不宜在课程标准中使用,因为它们看似给予了教师和学生自由,实际上是给执行留下了弹性和空间,会让更多的教师放弃"倡导、提倡、建议"的相关要求。再比如,新课程标准虽然非常重视整本书的阅读,但课外阅读量仍然跟以前一样是9年405万字,每天读五六分钟就可以达标。高子阳老师认为,只有把课外阅读时间提高到每天20~60分钟,课程总目标和学段整体目标的达成才能得到基本的保证。高子阳老师还质疑剧本写作没有引起新课程标准足够重视。因为在所有文体中最容易上手的就是剧本，它不仅可以引导学生关注生活、捕捉生活，还可以把学生引进写作的大门，让学生真正爱上写作……高子阳老师最可贵的地方在于他总是在问："从来如此，便对吗？"因此，他总能在大家习以为常的地方发现问题，总是可以跟文本进行高水平的对话。所以，高子阳老师能把课程标准读深，总是有新发现就不足为奇了。

高子阳老师解读新课程标准的第三个方法是实践。课程标准最具特色、最让人"畏惧"的当属学习任务群了。如何理解学习任务群，如何让学习任务群在小学语文教学中落地生根，高子阳老师的方法是积极主动地去实践。在这本书中，我们可以读到很多已经比较成熟的学习任务群的设计。因为有实践做基础，所以高子阳老师对学习任务群看得很透彻。他认为，新课程标准用学习任务群而不用知识点、能力点的线性排列来架构课程体系、呈现教学内容，体现了语文学科教学对21世纪时代诉求的主动适应，体现了注重核心素养的课程取向，体现了对《义务教育语文课程标准（2011年版）》强调的三维目标的发展与超越。因为有实践做基础，所以他满怀信心地告诉大家，"别被'学习任务群'吓趴了"，它虽然是一个新术语，但并非"天外来客"，在我们以往的教学中就能找到它的影子，我们现在要做的只是让它更突出、更完善。高子阳老师还提醒我们，在新教材还没出来之前，"可以试着选择一个单元，根据内容看贴近哪一个任务群，然后从'目标、情境、主题、任务、活动、教学评一体'六个关键词出发，一项一项地做，就能完成一个大单元设计，最后走进课堂实验一下，新课程标准理念下的新课堂的那种新鲜感肯定会让你感到美美的，让你得到前所未有的收获"。读了这些文字，很多教师都会心动吧！

读这本书，不少教师可能会有这样的疑问：一个一线教师怎么能写出这样的专著呢?查尔斯·布可夫斯基曾说:"通常它(写作)是唯一的东西,在你和不可能之间。"我以为,这是最好的回答。只要拿起笔,只要不停地写,高子阳老师可以,我们也可以写出属于自己的专著,这应该是读这本书的又一个收获吧。

# 一部需要细读的全新课标

高子阳

为什么这部课程标准需要细读？

这 100 多年间，我国出台了多部有关小学语文的教学大纲、课程纲要、教学纲要、课程标准，每一部我都读过。阅读《义务教育语文课程标准（2022 年版）》，相信很多老师与我有着一样或相似的感觉——太新了！我称这部课标为"八新课标"。

1. 前言新：共有 4 页，所有学科通用，前所未有。

2. 课程性质新：字数达到 546 字。

3. 课程理念新：全新的五大理念。

4. 课程目标新：用四大核心素养编制总目标与学段要求。

5. 课程内容新：主题与载体明确，用三层六大学习任务群分年段详细编制，从未有过。

6. 学业质量新：进行分学段学业质量描述，让更多人看得清学生学业成就表现。

7. 课程实施新：全新地从五个层面提出实施建议。

8. 附录新：更加规范严谨了。

那么多的"新"，如何让我们的语文课堂新起来，如何将其内化为教学的营养，让我们每一位语文老师新起来？于是，我以"新课标·

新教材·新课堂·新教师·新项目·新发展""六新"之思维阅读这部课标。

我从 2022 年 4 月 21 日开始读《义务教育课程方案（2022 年版）》和《义务教育语文课程标准（2022 年版）》，每天都会写一篇文章并发在"第一语文"公众号上，吸引了许多网友的阅读、评论。

连续读了 30 天，写了 30 天，自己给自己按下暂停键，因为我要从课程标准中跳出来，回到课堂上去。真巧，这一天是 5 月 21 日，正好是我国农历的小满日。

30 天的阅读与思考，我知道接下来的语文该怎么教了，如何把语文上得更有"课标味"了。

但愿我这 30 天的阅读记录能给大家的一点启示。由于我只是一名小学语文老师，对课标的理解肯定有不少问题，敬请专家、学者批评指正！

我的这部小书自 2022 年 10 月问世以来，《班主任之友》杂志就进行了宣传介绍，全国名师何捷老师多次以视频直播的方式进行推荐，许多老师读后也给我了许多鼓励和建议。全国著名特级教师、正高级教师孙小冬老师专门写了《收获的不仅是解读——读高子阳〈30 天读课程标准〉》一文，发表在《小学语文教学》杂志 2023 年第 12 期上。这次修订，经孙老师同意，特将其作为小书之序。在此，感谢大家对小书的厚爱！

# 目 录

1 / 收获的不仅是解读——读高子阳《30 天读课程标准》

1 / 一部需要细读的全新课标

1 / 《义务教育语文课程标准（2022 年版）》让我眼睛一亮

4 / 课程标准中的那些数字

11 / 这是一部"能"字最多的标准

17 / 再说说课程标准中的"能"字

28 / 越来越"胖"的"课程性质"

36 / 如何落实五大全新的课程理念？

44 / 核心素养与关键能力

49 / 课标的四大突破，能解决这四大难题吗？

55 / 新名词与课标解读

62 / 把增改的"学段要求"弄明白了

70 / 别被"学习任务群"吓趴了

74 / 学习任务群下的教材、教学评是什么样的？

82 / "识字与写字"与"语言文字积累与梳理"

87 / "实用性阅读与交流"任务群的实施

105 / 以大单元变序教学让"文学阅读与创意表达"任务群落地

115 / "思辨性阅读与表达"的理解与教学尝试

136 / 整本书教学的课标表达与实践设想

143 / 图画书走进课标，你准备好了吗？

147 / "整本书"，要不要考？

154 / 跨学科学习，你准备好了吗？

161 / 新课标理念下怎么教课文？

169 / 新课标中的那些"新文体"

182 / 对"以文化人""体认"两个新词的理解

187 / 改为"表达与交流"，中小学生能爱上写作吗？

195 / 课标中的"讨论"，你发现了吗？

203 / 读懂、设计、落实新课标中的多种"挑战"

209 / 对"倡导、提倡、建议"的思考

216 / 课程标准能给予我们哪些实验项目？

222 / 新课标·高端新培训·新明师

226 / 新课标对应着新课堂

235 / 后记　不读课标能不能教书、教好书？

241 / 参考文献

4月22日
星期五
关键词：眼亮

# 《义务教育语文课程标准（2022年版）》让我眼睛一亮

《义务教育语文课程标准（2022年版）》于2022年4月21日发布了，这又是一部正式版语文课程标准。从教育部当天的发布会上知道，这部课程标准将在当年秋季正式实施。

拿到新课程标准，从书架上抽出以前的语文教学大纲、课程标准，一字一句地读，一点一点地比较，相同与不同，删除与增添，继承与发展，全都摆在了我的面前，真有一种越读眼睛越亮的感觉。

## 一、整本书阅读必须做了

新课程标准非常重视整本书阅读，真是大好事。正在使用的统编小学语文教材每册都编写了"快乐读书吧"，当许许多多学校、老师还没有真心想让学生读这些书时，这部课程标准非常明确地告诉我们，必须做整本书阅读。这怎能不让人眼睛一亮？

## 二、图画书进课程标准了

读到拓展型学习任务群，我的眼睛更亮了！为何？图画书走进课程标准了！第一学段的老师终于可以大大方方地用图画书来教学了，过去老师们用得非常忐忑。

## 三、哪个年级读哪些经典更明确了

《爱的教育》原本是六年级上学期"快乐读书吧"的内容，现在是第二学段的整本书阅读任务了。其实从书的内容来看，肯定是适合四年级学生。

《十万个为什么》原本是四年级第二学期的阅读内容，现在变成了第三学段的整本书阅读书目了。

五年级下册的《西游记》一书，课程标准将其放在第四学段了。把整个课程标准看完，找不到九年义务教育要求学生读《红楼梦》《三国演义》《水浒传》的内容。如果你的手中有2017年版、2020年修订的《普通高中语文课程标准》，一定知道《三国演义》《红楼梦》是高中学段整本书阅读内容。12年的基础教育，《水浒传》没被写入课标中，也就是说这本名著没有成为中小学生必读书。如此看来，当下统编小学语文教材五年级下册的"我国四大名著"之阅读，太超前了！

阅读"思辨性阅读与表达"学习任务群，第三学段的学习内容有阅读哲人故事、寓言故事、成语故事等。原本三年级下册要读的几本寓言故事，看来也要调整了。我教过三年级，那几本经典寓言故事让三年级学生读真的不合适。这些寓言故事放在第三学段阅读肯定要比第二学段好，而将其放在中学来读效果会更好。

## 四、文言文的问题

关于"不要死记硬背",21世纪的三个课程标准都写进去了。新课标的第一至第三学段中的背诵要求与以前一样,没有变化,即背诵优秀诗文 50＋50＋60＝160 篇(段)。什么是优秀诗文?2001 年、2011 年的语文课程标准中的解释过于简单,这一次课程标准解释得比较准确:"优秀诗文包括中国古代、现当代和外国优秀诗文。"另外,新课程标准与 2011 年的课程标准一样,推荐了古诗文,即要求背诵 135 篇(段)中国古代优秀诗文,小学一～六年级的背诵篇目都是诗歌。小学一～六年级除了优秀古诗文外,还可以背诵什么?看新课程标准,可以清楚地让人知道剩下的背诵量是 85 篇,这 85 篇肯定不是优秀古诗文了,应该是现当代、外国优秀诗文。如果以此看当下三～六年级每册课本中的"文言文"(绝大多数是要求背诵的),真的超标了!因为把整部课程标准读下来,都没有发现小学阶段要学文言文的要求。有人说文言文是中华优秀传统文化的重要组成部分,教材编写文言文无可厚非,中华优秀传统文化应该编入小学语文教材,不仅要编,量还得增大。对于小学生来说,把中华优秀传统文化转化成白话文来学,才是更合适的。有人说,这是为了小初衔接。从这几年的教学实践来看,因为过分强调背诵与默写,让不少学生讨厌文言文了。三～六年级共学习 14 篇小文言文,根本无法面对期末考试,为了应付考试,老师们又补充了超过十倍量的文言文练习,如此训练小学生,他们怎么可能会喜欢文言文?真是得不偿失。不知道新课标理念下的小学语文教材是否会放弃文言文?

初读,眼睛亮了起来。再读,反复读,心也会跟着亮起来。

> 4月23日
> 星期六
> 关键词：数字

# 课程标准中的那些数字

《义务教育语文课程标准（2022年）》需要老师认真读，反复读，研究性阅读，只有这样，才能将其转化为一种思想，进而转化成行动并表现于课堂之中。这部课标近5万字，说简不简，说繁不繁。若不全方位地读，就像往常一样按部就班，就会以不变应万变。今天，我来谈谈课程标准中的那些数字。读课标，为什么要把这些数字拎出来呢？因为这些数字关系着学生的语文核心素养。细读这些数字，也可以找出许多实验项目。

## 一、识字量没变

第一~四学段，每个学段要认识多少字，会写多少字？总量是认识3500个字，会写2500个字，这两个数字没有变。（第一学段，认识常用汉字1600个左右，其中800个左右会写；第二学段，累计认识常用汉字2500个左右，其中1600个左右会写；第三学段，累计认识常用汉字3000个左右，其中2500个左右会写；第四学段，累计认识常用汉字3500个左右，没有强调会写多少字。）

这个量不是进入 21 世纪才有的，在 1986 年小学语文教学大纲中就有了。我读中师的时候，学了袁微子主编的《小学语文教材教法》，老师非常明确地给我们讲了为什么要有明确识字量。研究人员统计多家报纸杂志及数以万本大家喜爱的名著，从数亿字的作品中最终得出了这些识字和写字数量。1992～2002 年，我教小学语文教材教法，除了讲这些识字和写字量的科学性外，我还列举了《骆驼祥子》一书，这部小说不到 10 万字，只用了 2413 个单字，也就是说，一个人学会了 2500 个单字，就可以读、写一本本厚书了。

这些识字和写字量 40 多年没有变。众所周知，这二三十年来，世界变化又大又快。2012 年夏天，江苏省首批特级教师培训班学员（40 余人）至我国台湾省考察语文教育教学。考察人员发现，台湾学生 9 年的识字量是认识 4500 个字，会写 3500 个字。这引起了我们的思考：多了 1000 个字，会不会增加学生负担呢？多了 1000 个字，到底有多少价值呢？这也是我们一直没有结论的思考。

思考课程标准中要求的识字量可以找到许多研究项目。

项目一：如何教活 2500 个汉字？

项目二：如何活教活用 3500 个汉字对应的词语？

项目三：哪些识字教学法能让学生爱上汉字？

项目四：当下的汉字书写教材有哪些问题，还需要变革吗？

项目五：怎么落实用毛笔书写好 2500 个汉字的目标？

项目六：随课文识字、自主识字，如何做到有效、高效呢？

…………

## 二、习作量没变

我国是什么时候开始规定学生每学年习作次数的？在 2000 年《九

年义务教育全日制小学语文教学大纲》中首次出现，即"第二、三学段每学年课内习作 16 次左右，第四学段其他练笔不少于 1 万字、每学年不少于 14 次习作"。2001 年、2011 年、2022 年三部语文课程标准继续使用此规定。

这些量，也决定了每册教材有多少个单元，即一册教材要编 8 个单元才能写完 8 次习作，初中要编 7 个单元才能写完 7 次习作。

这些量到底是根据什么制定出来的？其科学性在哪里？我至今没有检索到一年写 16 或 14 次习作的研究及实验数据。那这些量能否让学生学会习作、爱上习作呢？2003 年春天，我从教师进修学校来到一线教小学语文，20 年的习作教学实践是这样的：每一次习作都教得匆匆忙忙，因为只能用 2~3 课时来教一次课内习作。班级学生人数都是 50 人左右，真的难以让每位学生写出合格的习作。许许多多的语文老师与我一样，在作文批改上无法做到人人、篇篇精批细改。由于课本上的绝大多数习作题过于成人化，非常老旧，缺少创新和挑战，而又没有对小学阶段非常明确的文体要求等，两年写话、四年习作，习作整体质量真的不高。读世界多个国家的母语写作文献，发现不少国家的学生一年课内习作才 8 次，有的国家一年才让学生写 3 次习作（1 年 3 个学期，1 个学期写 1 篇）！次数少了，一篇习作用时就多了，师生都能慢慢地对待每一次习作了，习作质量自然高了，讨厌习作的学生当然也就少了。

面对课程标准中非常具体的习作次数，可以做哪些研究项目呢？

项目一：到底一学年写 8 次习作好，还是一学年写 16 次习作好？

项目二：儿童需要怎样的表达与交流教材？

项目三：老师应以什么样的专业素养教好习作？

项目四：这次课程标准没有"课内外作文"五个字了，课外作文还要不要？

项目五：让全体学生爱上习作，如何去落实？

项目六：单元习作在单元中的地位是怎样的？如何让课文为单元习作服务？

…… ……

### 三、阅读量没变

九年义务教育课外阅读总量是不少于400万字。这是2001年《九年义务教育语文课程标准（实验稿）》中的规定。而四个学段的课外阅读量分别是：5万字、40万字、100万字、260万字（第四学段要求学生每年阅读两三部名著）。把这些阅读量折合成"本"又是多少呢？

现在第一学段允许读图画书了，一本图画书的字数是400～1500字，5万字的课外阅读量，如果用图画书来折算应该是读34～125本。

第二学段如果用桥梁书来折算（这次课程标准没有把桥梁书引入课程标准），一本桥梁书字数是1500～20000字，40万字的课外阅读量相当于读20～267本桥梁书。

第三学段用较厚的经典童书来算，一本较厚的经典童书字数如果在20000～100000字，160万字的课外阅读量相当于读16～80本书。

如此估算，可以大概知晓，小学六年每位学生读书的本数在70～472本之间。

这个阅读量是高还是低？需要通过一些项目研究才能找到答案。

项目一：400万字的课外阅读量的要求已经存在很久了，许多学生没有完成这个基本量。如何确保每位学生完成这个最低的阅读量呢？

项目二：一、二年级如果读1000本图画书，三、四年级如果读500本桥梁书，五、六年级如果读200本较厚的童书，这样的实验你敢做吗？

项目三：这次课程标准非常重视整本书阅读，小学阶段的整本书阅读重量还是重质？七～九年级的整本书阅读又重在哪儿？

项目四：如何高质量地完成一～六年级的整本书阅读教学？

项目五：整本书教学评一体如何实施？

项目六：中外整本书阅读比较研究，能否给我们提供一些实施策略？

……  ……

### 四、背诵量没变

1993年的《九年义务教育全日制小学语文教学大纲（试用）》在背诵上有量的规定。从2001年的语文课程标准开始，九年义务教育阶段背诵优秀诗文一直是50＋50＋60＋80＝240篇（段）。2001年、2011年课程标准要求学生背诵中国古代优秀诗文的量分别为120篇（段）、135篇（段），其中小学一～六年级的背诵篇目都是诗歌，分别是70篇、75篇。2022年语文课程标准继续使用2011年的要求。其他的背诵量，由教材编写者定夺。这么多的背诵能让我们做哪些项目呢？

项目一：这么多的背诵，真的能让学生告别死记硬背吗？

项目二：背诵的教学评一体该怎样落实？

项目三：背诵与理解，到底如何处理？

项目四：从新课程标准的所有文字来看，小学没有学文言文的规定，现在的小学教材中的文言文教学该如何变革？

项目五：背诵的好处到底有多少？

项目六：背诵的内容，如用纸质测试，如何命题师生才会都喜欢？

……  ……

### 五、几个速度没变

第三学段"阅读与鉴赏"中规定：默读一般读物每分钟不少于300字。第四学段"阅读与鉴赏"中规定：阅读一般的现代文，每分钟不少于500字。第三学段"表达与交流"中规定：习作要有一定的速度。第四学段"表达与交流"中规定：45分钟能完成不少于500字的习作。

这四个关于速度的要求，第四条在2001年语文课程标准中就出现了，其他三个规定首次出现在2011年语文课程标准中。2022年语文课程标准继续延用这些规定。这些量又能让我们做哪些项目研究呢？

项目一：小学第三学段规定"习作要有一定的速度"应该怎么理解，怎么实施？

项目二：第二学段的小学生每分钟读书不少于300字、中学生每分钟读书不少于500字，这样的目标能实现吗？这个要求是高还是低，是否科学？对于一个班级里的学生来说，有多少学生能实现，有多少学生不能实现？

项目三：45分钟能完成不少于500字的习作吗？这样的要求是高还是低？

项目四：多年来，小学考试卷上的作文字数要求是400字左右，中考是600字左右，高考是800字左右，如何理解这400、600、800字的作文？

项目五：中小学生能否进行长作文的写作训练？

……

> 以上五组没有变的数量，如果真正落实了，学生素养会处于什么样的水平？与国外儿童相比又处在何种层次？多年来，这些量真正落地了吗？有的少，有的多，有的说不清楚多与少。有的实施了，有的根本没有落实，有的只能简单落实，或者说只能草率落实……是什么原因导致的？2022年秋季开始中小学继续遵循这些数量教语文，又如何将其真正落实呢？这是大问题，也是难题。

## 六、增加的数量：教材相关学习内容的比例

《义务教育语文课程标准（2022年版）》第四部分"课程内容"的"主体与载体形式"的最后一段这样写道：

根据不同学段特点，统筹安排各类主题的相关学习内容。体现中华优秀传统文化、革命文化、社会主义先进文化的作品，应占60%~70%；反映科技、自然、生活等方面的应用、说明、记叙类作品，以及外国优秀文化作品，占30%~40%。

这是以前课程标准中没有的规定。这一规定，能让我们做很多项目。

项目一：中华优秀传统文化的作品，如何教？

项目二：革命文化的作品，如何教好？

项目三：社会主义先进文化的作品，如何教到位？

项目四：科学类作品，怎么教？

项目五：自然类作品，怎么教？

项目六：生活类作品，怎么教？

项目七：外国优秀文化作品，怎么教？

……

4月24日
星期日
关键词：能

# 这是一部"能"字最多的标准

什么是"能"？

"能"是象形字。金文字形像站立的熊形，大口朝下，前后腿，脚掌带钩，短尾。这些文字简单而形象地概括出了熊嘴大、尾短、四肢粗短的基本特征。小篆字形由秦简字形演变而来；隶楷文字由小篆演变而来，头部变成了左上的"厶"，口部成了左下的"月"，前后腿脚成了右上、右下两个"匕"，写作"能"。

"能"本义指熊，是一种食肉类哺乳动物，头大尾短，四肢粗短，脚掌大。《说文解字》："能，熊属，足似鹿。"因读音相近（能，古音泥纽蒸部；熊，古音匣纽蒸部），"能"被假借为能力、才能的"能"。《书·大禹谟》："汝惟不矜（自大），天下莫与汝争能。"由能力、才能义引申为有能力、有才能、胜任、擅长、能够、容许等义。《睡虎地秦墓竹简》："及物之不能相易者。"后来的"能"多用为借义，于是又用"熊"来表示它的本义，"能"则专用为借义了。"能"的基本读音为 néng；读 nái 时，指一种三足鳖，《尔雅·释鱼》："鳖三足，能。"读 tái 和 nài 时则都用为通假字；读 nài 时还可作为姓氏用字。

"能"挺复杂的，但也挺简单的，大概的意思，学生能懂。课程标准用了那么多"能"，把这些"能"变成"真能"，才是"能"。如果不能做到，或把许多"能"丢弃，那就是回到了"熊"的意义上了。

为什么多年来我国中小学生语文素养不高，很有可能在"能"字的理解与全面落实上不到位。本来很"能"的学生，通过12年的语文学习，回到"能"的本义上——熊了，这不是天大的笑话吗？

我这样理解也是提醒自己要把这些"能"做到"真能"。

为什么说这部课程标准"能"字最多？在我的教学生涯中，如果没有十多年语文教材教法的教学经历，我肯定与所有的一线语文老师一样，不会如此爱教学大纲、课程标准。因为这门课程，我把百年来的有关小学语文的课程纲要、教学大纲、教学纲要、课程标准都读了，有的还读了很多很多遍，越读越觉得我国语文教学存在着这样那样的问题与这些纲要、标准有着必然的联系。因为这种经历，也让我对课标的阅读有了更多的维度。像"能"字的多少，许许多多专家学者、一线老师可能会跳过去，不觉得这个字有多么重要。

如果你查找进入21世纪以来我国的三个语文课程标准中的"能"字数量，肯定会发现一个奇特的现象：2001年实验版语文课程标准共有136个"能"字；2011年语文课程标准共有153个"能"字；2022年语文课程标准共有266个"能"字。2022年语文课程标准比前面两个课程标准多了100多个"能"字！这些"能"字分布在新课程标准中的哪些部分呢？

1. "前言"中2次提到"关键**能**力"。

2. "课程性质"中有5个"能"：培养语言文字运用**能力**、发展思维**能力**、培养学生实践**能力**、培养学生合作交流**能力**、语文课程的多重**功能**。

3. "课程理念"中有 5 个 "能"：语文课程育人**功能**、独特的育人**功能**、知识与**能力**、语文学习**能力**、语言文字运用**能力**。

4. "核心素养内涵"中有 10 个 "能"：关键**能力**、运用语言文字**能力**、思维**能力**、运用语言文字表现美创造美的**能力**、审美**能力**，**能**在具体语言情境中有效交流沟通……

5. "总目标"中有 10 个 "能"：实践**能力**、独立阅读**能力**、激发创造**潜能**、**能**说普通话、**能**阅读日常的书报杂志、**能**借助工具书阅读浅易文言文。**能**结合自己的经验，理解、欣赏和初步评价语言文字作品，丰富自己的情感体验和精神世界；**能**借助不同媒体表达自己的见闻与感受……

6. "学段要求"中共有 71 个 "能"。其中 5 个 "能力"，即识字**能力**、写字**能力**、应对**能力**、独立写作**能力**、语言文字运用**能力**。另外 66 个都是 "能……"，分别在第一个学段的 "识字与写字" "阅读与鉴赏" "表达与交流" "梳理与探究" 中。"识字与写字"里共有 11 个 "能……"按 "4、4、2、1"分布在四个学段，"阅读与鉴赏"中共有 20 个 "能……"按 "5、4、11"分布在第二、三、四学段，"表达与交流"中共有 30 个 "能……"按 "4、8、6、12"分布在四个学段，"梳理与探究"中共有 5 个 "能……"按 "1、1、3"分布在第一、二、四学段。

7. "语言文字积累与梳理"中共有 8 个 "能"：识字**能力**、写字**能力**、构词**能力**、书写**技能**、运用汉字的**能力**、查字词的**能力**、独立识字**能力**；建立自己的创意语言资料库，并**能**学以致用。

8. "实用性阅读与交流"中共有 3 个 "能"：**能**写日记、语言理解与运用**能力**、评价学生实用性阅读与交流的**能力**。

9. "文学阅读与创意表达"中共有 2 个 "能"：审美**能力**、创意表达**能力**。

10. "思辨性阅读与表达"中有1个"能"：**能**区分原始资料与间接资料。

11. "整本书阅读"中共有1个"能"：整体认知**能力**。

12. "跨学科学习"中有8个"能"：语言文字运用**能力**、相关知识和**技能**、多方面的知识和**技能**、人工**智能**、学习兴趣和**能力**、实践创新**能力**、综合运用多学科知识解决实际问题的**能力**、解决问题的态度和**能力**。

13. "学业质量描述：第一学段"中有9个"能"：**能**正确书写800个左右常用汉字，**能**描述一幅图画的主要内容；在阅读过程中**能**根据提示提取文本的显性信息；**能**借助关键词句复述自己读过的故事或其他内容；朗读时**能**使用普通话；**能**简单评价他人的朗读；喜欢读古诗**能**熟读成诵；参加文学体验活动**能**表达自己的体验、感受和发现；**能**用自己喜欢的方式呈现学习所得。

14. "学业质量描述：第二学段"中有28个"能"：**能**借助汉语拼音、工具书，在阅读中主动识字；**能**根据具体语境辨析多音多义字的读音和字义，辨识、纠正常见的错别字；**能**使用硬笔规范、端正、整洁地书写1600个左右常用汉字；**能**把具有相同或相似特征的汉字进行分类；**能**分类梳理日常生活中学到的词句……

15. "学业质量描述：第三学段"中有32个"能"。（略）

16. "学业质量描述：第四学段"中有42个"能"。（略）

17. "教学建议"中共有6个"能"：语文学科的育人**功能**、学习任务群的**功能**、**技能**、语文**能力**、发挥信息技术**功能**、写字**能力**。

18. "评价建议"中共有12个"能"：创新**能力**、学生**能力**、自身潜**能**、语言**能力**、综合学习**能力**、阶段性评价的调节**功能**、语文学习过程中形成的**能力**；命题材料要**能够**体现问题或任务的对象、目的与要求，**能够**启发学生调动既有知识和资源解决问题、完成任务，**能够**为学生解决问题；考查学生语言文字运用**能力**；考查学生提取信息、筛选分类、比较概括、归纳总结等思维**能力**。

19. "教材编写建议"中共有2个"能"：发展实践**能力**，提高学生理解和评价**能力**。

20. "课程资源开发与利用"中共有1个"能"：充分发挥课程资源的育人**功能**。

21. "教学研究与教师培训"中共有4个"能"：提高课程实施**能力**，提高跨学科整合课程资源的意识和**能力**，在观摩和反思中增强自己的实践智慧。提高教学**能力**，要关注人工**智能**、大数据等新知识和新业态，增强培训内容的时代性。

22. "附录"中有4个"能"。（略）

把这些"能"放在一起研究，大概可以分为两类：

一是各种能力的名词术语。百年来，我国语文教学大纲、课程标准一直缺失有关名词术语的注释，这就要求我们自己来填补这个空白。对这些专业术语不理解，直接影响老师的精准教学。而这些"能力"，大多是针对学生的，少部分是针对命题者及老师的。另外，对学生每一种能力的培养其实都是一个课题，都是一个实验，都不可能通过简单的教学行为就可以达成。

二是作为行为动词来使用的"能"，即"能……"的表述。从新课程标准来看，这些"能"之行为，一是指向学生，二是指向老师。"能……"是描述结果目标的行为动词，也就是说这些"能……"是结果，不是过程。作为语文老师要知道结构目标的行为动词，比如"了解、理解、掌握、运用"，"能……"属于"掌握"。另外，老师一定要将它们与过程目标的行为动词如"经历、体验、感悟、探索"等区别开来。既然"能……"是结果性表达，我们的教学设计就要从这一个个"能……"出发了。

如果大家读过美国格兰特·威金斯、杰伊·麦克泰格合著的《追求理解的教学设计（第二版）》，一定知道"逆向型教学设计"，这也是目前世界上最有影响、最能提高教学效率的教学设计。所以，当我把这些"能"挑出来，一个个学生该结什么果我也明白了，接下来的系列课堂教学设计我就知道怎么做才能改变学生了，核心素养如何落地之策略也就有了。

4月25日
星期一
关键词：能

# 再说说课程标准中的"能"字

"能""不能""能够""不能够""能力"，可以说是非常好理解的字词、短语。课程标准中的"能""能够"越多越好。为什么这么说？这是课程标准应该有的。不少国家和地区的课程标准早就这样了。

比如，加拿大安大略省1997年语言课程标准，其中五、六年级"阅读"的目标要求是这样的。

### 阅读：五年级

#### 1. 总体教育目标

到五年级末，学生应该：**能够**为达到不同的目的阅读各种虚构的和写实的作品（例如小说、短篇故事、传记、评论）；**能够**根据目的和听众调整语速，大声朗读；**能够**选用适当的阅读策略，独立阅读；**能够**解释自己对作品的理解，并且引用作品中的事例和自己知识经验中的事例来支持自己的理解；**能够**确定阅读的目的，并根据需要从大量合适的资源中选择所需的材料；**能够**理解五年级应该掌握的词汇和语言结构；在理解和运用阅读材料时，**能够**借助一些书面语言的规则来帮助理解和运用。

### 2. 特殊领域的教育目标

到五年级末，学生应该：

**在推理和批判性思维方面**

**能够**使用作品中的事例来描述作品（例如一部小说或一本历史书）中一系列的事件；**能够**描述故事的一些基本要素（例如情节、人物、背景）是怎样组合的；**能够**以材料中的事实为依据，对所读的内容做出判断和得出结论；开始**能够**识别作者的观点或作品中人物的观点；**能够**选用适当的阅读策略（例如根据阅读的目的或阅读内容的难度来调整阅读的速度；做出推断；记录要点）；**能够**使用一些研究技能（例如明确地表述问题，标识信息，比较来自各种资源的信息）。

**在理解作品格式和文体方面**

**能够**识别不同格式的作品并**能够**描述它们的特点（比如科幻小说、传记、神秘故事）；**能够**利用他们有关不同格式作品的特点的知识来帮助他们选择适合于不同目的的阅读材料（例如简短的故事、参考书中的一篇论文）。

**在语言结构的知识方面**

利用他们关于语法要素和口语及书面语言结构的知识去理解所读的内容；**能够**识别单词结构中模式化的成分（例如，在"nation"和"information"中的"–ation"），并利用它们来确定读音。

**在扩充词汇量方面**

**能够**识别词根、前缀和后缀，并利用它们来确定生词的读音和含义；**能够**识别同义词和反义词；利用字典和专类词典来扩充自己的词汇量；**能够**恰当地使用不同学科领域的专门术语。

**在使用语言规则方面**

在阅读理解时**能够**利用标点来帮助理解；**能够**利用正式课文结构中的某些惯用的成分（例如索引、地图、图表、罗列的项目表、图片、示意图）来定位信息和解释信息。

# 阅读：六年级

### 1. 总体教育目标

到六年级末，学生应该：**能够**为达到不同的目的阅读各种虚构的和写实的作品（例如小说、短篇故事、诗歌、神话、论文）；**能够**大声朗读，而且在朗读中**能够**兼顾听众并体现出对阅读材料的理解；**能够**选用适当的阅读策略，独立阅读；**能够**解释自己对作品的理解，并且引用作品中的事例和自己知识经验中的事例来支持自己的理解；**能够**确定阅读的目的，并根据需要从大量合适的资源中选择所需的材料；**能够**理解六年级应该掌握的词汇和语言结构；在理解和运用阅读材料时，**能够**借助一些书面语言的规则来帮助理解和运用。

### 2. 特殊领域的教育目标

到六年级末，学生应该：

**在推理和批判性思维方面**

**能够**识别故事的基本要素并**能够**解释这些要素是怎样相互关联的（例如人物和情节是按照什么方式交织在一起发展的）；在阅读故事或小说时，**能够**利用各种线索进行预测；**能够**概括和解释信息材料（例如课本）的主要观点并**能够**说出支持主要观点的细节；**能够**以材料中的事实为依据，对所读材料的观点做出判断和得出结论；**能够**识别作者的立场或作品中人物的动机；**能够**选用适当的阅读策略（例如根据需要调整阅读的速度；做笔记和使用图表对所读内容进行组织）；**能够**设计研究课题并实施研究。

**在理解作品格式和文体方面**

**能够**识别不同格式的作品并**能够**描述它们的特点（比如历史小说、百科全书）；**能够**利用他们有关不同格式作品的特点的知识来帮助他们选择适合于不同目的的阅读材料（例如百科全书中的一篇文章**能够**提供有关某一话题的基本介绍）。

**在语言结构的知识方面**

利用他们关于语法要素、单词结构和句子结构的知识去理解所读的内容；在拼读单词时，**能够**借助拼写规则。

**在扩充词汇量方面**

**能够**利用自己有关单词来源和演化的知识来确定生词的含义；**能够**查阅字典以验证生词的读音或查找生词的含义；利用专类词典来扩充自己的词汇量；**能够**根据需要理解专门的术语或名称（例如历史小说中的"中世纪"）。

**在使用语言规则方面**

在阅读理解时**能够**利用标点（例如冒号）来帮助理解；**能够**利用正式课文结构中的某些惯用的成分（例如索引、标题和小标题、图表、术语集）来查找和核对信息。

我们来看《义务教育语文课程标准（2022年版）》"阅读与鉴赏"第三学段要求。

1. 熟练地用普通话正确、流利、有感情地朗读课文。默读有一定的速度，默读一般读物每分钟不少于300字。学习浏览，扩大知识面，根据需要搜集信息。

2. **能**联系上下文和自己的积累，推想课文中有关词句的意思，辨别词语的感情色彩，体会其表达效果。在理解课文的过程中体会顿号与逗号、分号与句号的不同用法。

3. 在阅读中了解文章的表达顺序，体会作者的思想感情，初步领悟文章的基本表达方法。在交流和讨论中，敢于提出看法，做出自己的判断。

4. 阅读叙事性作品，了解事件梗概，**能**简单描述印象最深的场景、人物、细节，说出自己的喜爱、憎恶、崇敬、向往、同情等感受；阅读诗歌，大体把握诗意，想象诗歌描述的情境，体会作品的情感。受到优秀作品的感染和激励，向往和追求美好的理想。

5. 阅读说明性文章，能抓住要点，了解文章的基本说明方法。阅读简单的非连续性文本，能从图文等组合材料中找出有价值的信息。尝试使用多种媒介阅读。

6. 阅读整本书，把握文本的主要内容，积极向同学推荐并说明理由。

7. 背诵优秀诗文60篇（段），注意通过语调、韵律、节奏等体味作品的内容和情感。扩展阅读面，课外阅读总量不少于100万字。

对比一下，可以看到我们的课程标准"能""能够"太少了。当然，我们还能看出其他方面的差异，比如加拿大的课标是按照年级制定的，一条一条非常细致，我们是按照年段制定的。这7条是属于五、六年级的，其中哪些是五年级的，哪些是六年级的，没有哪个老师能够分得清。所以，我一直呼吁课程标准制定者别再按照学段制定教学目标了，应该按照年级制定。

读我国台湾省语文课程标准，一~九年级的各项目标几乎每一条都是以"能"字开始的，比如"写作能力"的目标如下。

**第一学段（一、二年级）**

6—1—1 能经由观摩、分享与欣赏，培养良好的写作态度与兴趣。

6—1—1—1 能学习观察简单的图画和事物，并练习写成一段文字。

6—1—1—2 能在口述作文和笔述作文中，培养丰富的想象力。

6—1—1—3 能相互观摩作品。

6—1—1—4 能经由作品欣赏、朗读、美读等方式，培养写作的兴趣。

6—1—2 能扩充词汇，正确地遣词造句，并练习常用的基本句型。

6—1—2—1 能运用学过的字词，造出通顺的短语或句子。

6—1—2—2 能仿写简单句型。

6—1—3 能运用各种简单的方式练习写作。

6—1—3—1 能练习写作简短的文章。

6—1—3—2 能配合日常生活，练习写简单的应用文（如贺卡、便条、书信及日记等）。

6—1—4 能练习运用各种表达方式习写作文。

6—1—4—1 能利用卡片写作，传达对他人的关心。

6—1—5 能概略分辨出作品中文句的错误。

6—1—5—1 能指出作品中有明显错误的句子。

6—1—6 能认识并练习使用常用的标点符号。

再来看《义务教育语文课程标准（2022年版）》"表达与交流"第一学段要求。

1. 学说普通话，逐步养成说普通话的习惯，有表达交流的自信心。

2. 能认真听他人讲话，努力了解讲话的主要内容。听故事、看影视作品，能复述大意和自己感兴趣的情节。能较完整地讲述小故事，能简要讲述自己感兴趣的见闻。与他人交谈，态度自然大方，有礼貌。积极参加讨论，敢于发表自己的意见。

3. 对写话有兴趣，留心周围事物，写自己想说的话，写想象中的事物。在写话中乐于运用阅读和生活中学到的词语。

4. 根据表达的需要，学习使用逗号、句号、问号、感叹号。

对比两岸第一学段的"写作能力"的目标要求，有相同也有许多不同。在"能"字使用上，差异也是相当明显的。

再看其他学段的目标，也无一不是以"能"字开始。

**第二学段（三、四年级）**

**6—2—1 能经由观摩、分享与欣赏，培养良好的写作态度与兴趣。**

6—2—1—1 能在口述作文和笔述作文中，培养丰富的想象力。

6—2—1—2 能相互观摩作品。

6—2—1—3 能经由作品欣赏、朗读、美读等方式，培养写作的兴趣。

**6—2—2 能运用各种简单的方式练习写作。**

6—2—2—1 能练习写作简短的文章。

6—2—2—2 能配合日常生活，练习写简单的应用文（如贺卡、便条、书信及日记等）。

**6—2—3 能练习运用卡片或短文等方式习写作文。**

6—2—3—1 能利用卡片写作，传达对他人的关心。

6—2—3—2 能以短文写出自己身边的人、事、物。

6—2—3—3 能以短文表达自己对日常生活的想法。

**6—2—4 能概略知道写作的步骤，逐步丰富内容，进行写作。**

6—2—4—1 能概略知道写作的步骤，如：从搜集材料到审题、立意、选材及安排段落、组织成篇。

6—2—4—2 能练习利用不同的途径和方式，搜集各类写作的材料。

6—2—4—3 能练习利用不同的途径和方式，搜集各类可供写作的材料，并练习选择材料，进行写作。

**6—2—5 能培养观察与思考的写作习惯。**

6—2—5—1 能养成观察周围事物，并写下重点的习惯。

**6—2—6 能正确流畅地遣词造句、安排段落、组织成篇。**

6—2—6—1 能掌握词语的相关知识，写出语意完整的句子。

**6—2—7 能认识并练习不同表述方式的写作。**

6—2—7—1 能搜集自己喜好的优良作品，并加以分类。

6—2—7—2 能学习叙述、描写、说明、议论、抒情等表达技巧，练习写作。

6—2—7—3 能写作慰问书信、简单的道歉启事，表达对他人的关怀和诚意。

6—2—7—4 能配合阅读教学，练习撰写心得、摘要等。

**6—2—8 能具备自己修改作文的能力，并主动和他人交换写作心得。**

6—2—8—1 能从内容、词句、标点方面，修改自己的作品。

**6—2—9 能了解标点符号的功能，并在写作时恰当地使用。**

**6—2—10 能发挥想象力，尝试创作，并欣赏自己的作品。**

6—2—10—1 能在写作中，发挥丰富的想象力。

### 第三学段（五、六年级）

**6—3—1 能正确流畅地遣词造句、安排段落、组织成篇。**

6—3—1—1 能应用各种句型，安排段落、组织成篇。

**6—3—2 能知道写作的步骤，逐步丰富内容，进行写作。**

6—3—2—1 能知道写作的步骤，如：从搜集材料到审题、立意、选材及安排段落、组织成篇。

6—3—2—2 能练习利用不同的途径和方式，搜集各类写作的材料。

6—3—2—3 能练习从审题、立意、选材、安排段落及组织等步骤，习写作文。

**6—3—3 能培养观察与思考的写作习惯。**

6—3—3—1 能养成观察周围事物，并写下重点的习惯。

**6—3—4 能练习不同表述方式的写作。**

6—3—4—1 能学习叙述、描写、说明、议论、抒情等表述方式，练习写作。

6—3—4—2 能配合学校活动，练习写作应用文（如通知、公告、读书心得、参观报告、会议纪录、生活公约、短篇演讲稿等）。

6—3—4—3 能应用改写、续写、扩写、缩写等方式写作。

6—3—4—4 能配合阅读教学，练习撰写心得、摘要等。

**6—3—5 能具备自己修改作文的能力，并主动和他人交换写作心得。**

6—3—5—1 能经由共同讨论作品的优缺点，以及刊物编辑等方式，主动交换写作的经验。

**6—3—6 能把握修辞的特性，并加以练习及运用。**

6—3—6—1 能理解简单的修辞技巧，并练习应用在实际写作。

**6—3—7 能练习使用计算机编辑作品，分享写作经验和乐趣。**

6—3—7—1 能利用计算机编辑班刊或自己的作品集。

6—3—7—2 能透过网络，与他人分享写作经验和乐趣。

**6—3—8 能发挥想象力，尝试创作，并欣赏自己的作品。**

6—3—8—1 能在写作中，发挥丰富的想象力。

6—3—8—2 能尝试创作（如童诗、童话等），并欣赏自己的作品。

**第四学段（七至九年级）**

6—4—1 能精确表达观察所得的见闻。

6—4—2 能精确地遣词用字，并灵活运用各种句型写作。

6—4—2—1 能精确地遣词用字，恰当地表情达意。

6—4—2—2 能灵活应用各种句型，充分表达自己的见解。

6—4—3 练习应用各种表述方式写作。

6—4—3—1 能配合各项学习活动，撰写演说稿、辩论稿或剧本。

6—4—3—2 能培养写日记的习惯。

6—4—3—3 能配合各学习领域，练习写作格式完整的读书报告。

6—4—3—4 能合作设计海报或文案，表达对社会的关怀。

6—4—3—5 能灵活运用文字，介绍其他国家的风土民情。

6—4—3—6 能撰写自己的工作计划、拟订各项计划。

6—4—3—7 能以叙述、描写、抒情、说明、议论等不同表述方式写作。

6—4—4 掌握写作步骤，充实作品的内容，精确地表达自己的思想。

6—4—4—1 能确立主旨，拟定大纲，并完成写作。

6—4—4—2 能将搜集的材料，加以选择，并做适当的运用。

6—4—4—3 能依据写作步骤，精确地表达自己的思想，并提出佐证或辩驳。

6—4—5 了解标点符号的功能，并适当使用。

6—4—5—1 能配合写作需要，恰当选用标点符号和标点方式，达到写作效果。

6—4—6 能灵活应用修辞技巧，让作品更加精致感人。

6—4—6—1 能养成反复推敲的习惯，使自己的作品更加完美，更具特色。

6—4—6—2 能灵活地运用修辞技巧，让作品更加精致优美。

6—4—7 **能练习使用计算机编辑作品，分享写作的乐趣，讨论写作的经验。**

6—4—7—1 能透过电子网络，与他人分享写作的乐趣。

6—4—7—2 能透过电子网络，与他人分享作品，并讨论写作的经验。

6—4—7—3 能练习利用计算机，编印班刊、校刊或自己的作品集。

6—4—8 **发挥思考及创造的能力，使作品具有独特的风格。**

6—4—8—1 能主动创作，并发表自己的作品。

6—4—8—2 能借由扩充标题撰写、表现技巧、图文配合、字体安排等写作经验，使作品具有独特的风格，并尝试应用于编辑学校的刊物。

从学术角度看，课程标准制定专家个个都是比较教育研究高手，他们肯定会对此作比较研究。相信我做的这一对比，能让语文课程标准更加完善。《义务教育语文课程标准（2022年版）》在"能"的数量上已经超过以前任何一部语文课程标准了。2017年的《普通高中语文课程标准》2020年就修订了，《义务教育语文课程标准（2022年版）》说不定也会像普通高中语文课程标准那样使用几年就修订，下一次修订如果让"能"字全方位进入，这一条一条的课程目标及学段要求会让老师们一看就懂，老师用起来就会更加方便了。

4月26日
星期一
关键词：课程性质

# 越来越"胖"的"课程性质"

"义务教育语文课程标准"出生于21世纪（2001年），真是一个非常可爱的娃娃。在其10岁那年，娃娃不再是娃娃，变成了少年，这就是《义务教育语文课程标准（2011年版）》。2022年，这个少年成人了。仅从语文课程标准中"课程性质"的表述的字数（含标点）上就能看出其长大了也长胖了。三个课程标准针对"课程性质"的表述，其字数分别是：47个、112个、546个。

把一个人0岁、10岁、20多岁的照片放在一起，除了父母及最亲近的人外，你是很难认为这三张照片是同一个人的。但这就是一个人，客观事实无法改变。也就是说，课程标准虽然长大了，但要求我们老师必须把语文教好这个本质永远不会变。

清楚地记得，《义务教育语文课程标准（2001年实验版）》颁布时，很多专家写出大量的文章来解读那47个字！尤其是语文课程的基本特点"工具性与人文性的统一"，被论述得让一线老师似懂非懂。《义务教育语文课程标准（2011年版）》颁布，这一论述仍然没有停止，就好像中小学老师不懂这个特点，以前的语文课堂从未体现过这个特点一样。

这 20 多年来，我国义务教育阶段的语文课堂教学是否全方位体现了"工具性与人文性的统一"？在国家教育科学规划办及全国各省的课题中，真的查不到有谁对此做了调查研究。所以，这个问题没有答案。

《义务教育语文课程标准（2022 年版）》出台，是否还会有专家论述，或在讲座中大讲特讲这个特点呢？可能有，也可能没有。很有可能专家们会提一下，但不会在这方面花费过多的时间，因为这部课标需要解释的新词太多了。所以，我也不论述这个特点，因为我在这方面没有办法详细论述。

这 546 个字，是从哪些方面讲述义务教育阶段语文课程性质的？其实就回答了下面六个问题：

1. 语言文字是什么？
2. 语言文字的运用包括什么，存在于哪里？
3. 语文课程是一门什么样的课程？
4. 语文课程的基本特点是什么？
5. 语文课程应该做什么？
6. 语文课程的多重功能和奠基作用是什么？或者说语文课程在九年义务教育中的地位是什么？（语文课程致力于什么？语文课程有哪些不可替代的优势？）

2001 年实验版课程标准没有把九年义务教育的"语文"理解为"语言文字"。那个阶段有人对"语文"作了诠释，说"语文"可以理解为"语言与文字""语言与文化""语言与文学""语言与文章""语言与文德""语言与文明"等。有人说九年义务教育的"语文"与高中、大学语文不一样，不给老师界定清楚语文的概念，老师不知道教什么样的语文。这一论述很有道理，所以 2011 年版语文课程标准非常明确地说，九年义务教育阶段的"语文"就是"语言文字"，2022年版课程标准继续一字不改地沿用这一概念。但2011年课程标准没有把"语言文字是人类社会最重要的交际工具和信息载体，是人类文化的重要组成部分。语言文字的运用，包括生活、工作和学习中的听说读写活动以及文学活动，存在于人类社会的各个领域"列为"课程性质"，只是将这段文字放在"前言"里。这次课程标准将其直接升格为"课程性质"。

**一、新课标中需要理解的词**

这一次的"课程性质"虽然比原来"胖"了很多，但仍是高度浓缩的。所以有好几个词需要深入理解。

1. 什么是交际工具？交际工具就是指人类在交际活动中用来交流感情、表达思想、传递信息的工具。人类交际活动中表达思想所使用的工具有哪些？语言、文字、旗语、红绿灯、电报代码、数学符号、化学公式、伴随动作，等等。比较这些工具，语言肯定是人类最重要的交际工具，而文字是建立在语言基础之上的一种最重要的辅助交际工具，这两个工具相加，就是说语言文字是最重要的交际工具。像旗语、红绿灯、电报代码、数学符号、化学公式等都是建立在语言和文字基础上的交际工具，它们都只能是辅助性交际工具，像手势等伴随动作是非语言的交际工具。这些辅助性交际工具、非语言的交际工具，在使用效率、使用范围上相对有限，也可以说使用频率没有语言文字高。

通过这段资料，我懂了为什么语言文字是人类社会最重要的交际工具。

2. 什么是信息载体？是在信息传播中携带信息的媒介，是信息赖以附载的物质基础，即用于记录、传输、积累和保存信息的实体。信息载体包括以能源和介质为特征，运用声波、光波、电波传递信息的无形载体和以实物形态记录为特征，运用纸张、胶卷、胶片、磁带、磁盘传递和贮存信息的有形载体。人类在原始时代就开始使用语言，现在世界上口头语言约有3500种（20世纪之前有6600种）。语言是人类传递信息的第一载体，是社会交际、交流思想的工具，是人类社会中最方便、最复杂、最通用、最重要的信息载体系统。随着生产的发展和社会的不断进步，出现了信息的第二载体——文字。现在世界上有500多种文字在使用。文字的发明，为信息的存贮（记载）和远距离传递提供了可能，是人类的一大进步。电报、电话、无线电的发明，使大量信息以光的速度传递，沟通了整个世界，人类信息活动进入了新纪元。电磁波和电信号成为人类的第三信息载体。随着信息量的剧增，信息广泛交流，需要容量更大的信息载体。计算机、光纤、通信卫星等新的信息运载工具成为新技术革命形势下主要的信息载体。一根头发丝粗细的光纤可以同时传输几十万路电话或上千路电视。卫星通信可把信息送到世界任何一个角落。这都是新的信息载体。但在这些信息载体中，语言文字的确是最重要的。

通过这段资料，我懂了语言文字是人类社会最重要的信息载体。

3. 什么是人类文化？文化一词的含义很宽泛，国际上至今没有统一的说法，"文化"的定义有近200种。不过，实际上语言、文字、习俗、思想、制度等都包含在文化之中。从时间的角度看，有古代文化和现代文化。从地域的角度看，有中国文化和外国文化……古代文化中那些被反复复制实施的，这就是传统文化，如果只在一个时期内实施的，叫作时代文化。另外，文化还有行业的区别，有酒文化、茶文化、饮食文化……面对这些分类，有人又把人类文化分为三类：物质文化、制度文化和心理文化。这三类文化中的物质文化是指人类创造的物质文明，包括交通工具、服饰、日常用品等，它是一种可见的显性文化；制度文化和心理文化分别指生活制度、家庭制度、社会制度以及思维方式、宗教信仰、审美情趣，它们属于不可见的隐性文化，包括文学、哲学、政治等方面的内容，两者合起来即为哲学思想。这么多的文化是一个庞大的综合体。不管是哪种文化，语言文字是不可或缺的，所以语言文字是人类文化的重要组成部分。

4."语言文字的运用""语言文字运用"和"语言文字运用能力"是什么意思？"语言文字的运用"是指在哪个领域运用到语言文字，即在生活、工作和学习中的听说读写活动以及文学活动运用到语言文字，而这一运用存在于人类社会的各个领域。"语言文字运用"是指如何使用语言文字。运用多了能力也就有了，这就是语言文字运用能力。

**二、关于语文课程性质的 10 个问题**

反复读课程性质，课标制定者用了最多的文字解释了"语文课程应该做什么？语文课程的多重功能，其在九年义务教育中的地位是怎样的"。即从两个方面非常明确地说了语文课程应该做什么：一是引导学生热爱通用语言文字，在真实的语言运用情境中，通过积极的语言实践，培养语言文字运用能力；二是从发展思维能力、提升思维品质、形成自觉的审美意识、培养高雅的审美情趣、积累丰厚的文化底蕴、继承和弘扬中华三大文化等方面来全面提升核心素养。语文课程的多重功能，其在九年义务教育中的地位是怎样的？答案是地位很重要，一是为学生打下三个基础，二是具有不可替代的优势。

教语文为什么要知道语文课程的性质？专家肯定说，你连所教学科的课程性质都不能了如指掌，怎么可能教好语文？过去两部课标里所说的语文学科性质，全国那么多语文老师，又有多少能说得清楚？这次，胖胖的课程性质如何让老师记在心里？即使画了思维导图，也有可能记不住，说不明白。当然，研究课程标准，也没有必要把精力放在这儿。但，作为专业化的语文老师，还是有必要通过追问几个问题来看看自己到底明白了多少。

1. 什么是真实的语言运用情境？虚假的语言运用情境又是什么？情境简单地说就是情景、环境。不过，"情境"一词在新课标里出现了"46次"，相关"情境类"的词语、短语也有很多，比如：语言运用情境、情境性、学习情境、语言情境、交际情境、生活情境、主题情境、作品情境、试题情境、情境的探究性、命题情境、文学体验情境……难懂，真的好难懂！太专业了！所以，这个问题也一直困扰着我，不知道怎样才能思考透。

2. 什么是积极的语言实践？消极的语言实践又是什么？这些问题也同样困扰着我。

3. 什么是语言文字运用能力？从哪些方面来培养学生语言文字运用能力？这是非常大的问题，是我们必须有答案的问题。

4. 什么是思维能力？课程标准核心素养内涵第三条有解释，也属于概括性的解释。面对这种解释，最关键的是我们老师如何全方位理解学生已经有了哪些思维能力，处在何种水平，如此才能让学生的思维能力得到进一步锻炼。

5. 什么是思维品质？思维品质也称智慧品质，指思维能力的特点及其表现。人们在思维活动过程中表现的不同方面的特点及其差异就构成其思维品质。思维的主要品质有：思维的逻辑性、思维的广阔性、思维的深刻性、思维的独立性、思维的灵活性、思维的敏捷性、思维的批判性、思维的确定性、思维的创造性和思维的预见性。对于思维的品质，可以从质和量两个方面加以理解。专业吧？相当专业。只知道这些术语没有用，所以，专业化的语文老师还需要细读思维学方面的书籍。

6. 什么是审美意识？什么是自觉的审美意识？是审美活动中人对审美对象的能动反映，即广义的美感，包括审美的感知、感受、趣味、理想、标准等各个方面，是审美心理活动进入思维阶段后的意识活动。人们常通过艺术来研究人的审美意识。难不难？难！不去读几本专业美学类书，自觉的审美意识怎么能让学生自觉地形成？

7. 什么是审美情趣？什么是高雅的审美情趣？人们根据自己的审美观，对自然、社会生活中的各种现象和事物，以及艺术作品的审美价值，做出直接的、感性的审美评价和态度。它主要表现为个人主观爱好的形式，从而表现出人们审美选择的倾向。人们审美趣味不同的原因不仅与每个人的社会生活条件和社会实践有关，而且与他们自身的审美素养、审美观和审美理想有关。培养良好的审美兴趣是审美教育的一项重要任务。培养高雅的审美情趣更是重要任务。这些专业化的解释会不会把你绕得无法准确、深刻理解？所以，寻找能帮助理解的审美教育类书籍读一读，给自己的专业增添一点色彩是必要的。

8. 什么是文化底蕴？就是人类精神成就的广度和深度，即人或群体所秉持的道德观念、人生理念等文化特征，也是人或群体学识的修养和精神的修养。我们是学生之师，我们有多少文化底蕴？每位老师都清楚自己。如果文化底蕴不足怎么办？唯有读书加思考。

9. 什么是中华优秀传统文化？什么是革命文化？什么是社会主义先进文化？在"课程内容"中有详细的解释。了解这三大文化其实也要求我们要读很多书。做语文老师，读书是不能停止的。

10. 什么是文化自信？新课标"核心素养内涵"中已经有了概括性解释。"文化自信"是指一个国家、一个民族、一个政党对自身文化价值的充分肯定，对自身文化生命力的坚定信念，是对既有文化优良传统的肯定与坚持。文化自信是民族自信心和自豪感的源泉，中华民族正是有了对民族文化的自信心和自豪感，才在漫长的历史长河中保住自己、吸纳外来，形成了独具特色的中华文化。有了"文化自觉"，才能有"文化自信"；有了"文化自信"，才能有"文化自强"。什么是文化自觉？文化自觉主要指一个民族、一个政党在文化上的觉悟和觉醒，包括对文化在历史进程中地位、作用的深刻认识，对文化发展规律的正确把握，对发展文化历史责任的主动担当。在多元文化并存的当今世界，只有做到文化自觉，才能在不同文化的对比和互动中稳住根基，获得文化选择的能力和地位，继而增强自身文化转型的能力。文化自信，关键是不忘本来、吸收外来、着眼将来。文化自信不是故步自封，也不是唯我独尊，要在坚守自己的优秀文化的同时，正确对待别人的文化。着眼于时代和社会发展的需要，倡导和发展先进文化，凝聚奋斗力量。

这10个问题，想一下子全懂，通透式的懂，那是不可能的。这里只是摘抄了一些相关解释，要想明明白白，只能自己主动进行大量的阅读与思考。

> 4月27日
> 星期二
> 关键词：课程理念

# 如何落实五大全新的课程理念？

阅读我国三个义务教育语文课程标准，新课程标准以五条新"课程理念"全方位、彻底地取代了原来的"四条理念"。为什么课程理念变化这么大？因为社会在发展，理念必须要更新。为什么要把理念吃透呢？因为理念不同，课堂不同！如果对新课程标准的五大理念不能深刻理解，其课堂很有可能还是老课堂。所以，这五大相当重要的课程理念必须一条条理清楚、弄明白。

### 一、什么是理念

想弄清楚什么是课程理念，首先要弄懂什么是课程，什么是理念。关于课程，这里不多说了，因为这 20 多年来，这个词应深入教师之心了。但什么是理念，目前仍然模糊不清。我本人也只是认识这个词，让我清楚地解释，非常困难。

什么是理念？字面的意思是理性的概念。打开《辞海》，理念有两条解释：一是"看法、思想、思维活动的结果"，二是"理论，观念。通常指思想。有时亦指表象或客观事物在人脑里留下的概括的形象"。

专家说，理念与观念关联，上升到理性高度的观念叫"理念"。那什么是观念？观念大概有四种解释：一是佛教语，对特定对象或义理的观察思维和记忆；二是思想意识；三是客观事物在人脑里留下的概括形象；四是关于某方面的认识和觉悟。

那么观念怎么上升到理性的高度？对于我这个小学语文老师来说，思维受限，可能还需要一些时日才能想到并找到这个理性的高度在哪里，也可能怎么都找不到。

专家还说，先有意念，然后正确的意念成为观念，观念再观一观，成为理念。真有意思！那什么是意念？意念即冥想（包含显意识，潜意识）。意念和冥想称呼不同，实为一体。是主体轻度入静后原神能动的自律性调控自然积淀的亚无极思维态。它"舍弃"了一切中间环节，具有"穿透力"，通称灵魂。

那什么是灵魂？古希腊人说，灵是风，魂是呼吸。

亲爱的老师们！我用尽了心血把理念、观念、意念、灵魂等词的解释给你们查找到了。我读了，反复读了，只是比原来好一点。我和许多人一样，真是稀里糊涂地用了很多年"这个理念，那个理念"，接下来，很有可能还会继续跟大家一样稀里糊涂地说着自己也解释不清楚的诸多"理念"。

## 二、五大理念的"简单化"表述

这次课程标准用了 1091 个字来阐述五大课程理念。五个标题五个理念，我反复读了几十遍，初步理解了五个标题，即"五大课程理念"是从"语文课程的育人功能，学习任务群，课程内容整合，学习方式变革，评价的导向作用"五个方面讲述的。我不知道这种理解是不是正确，书读几十遍，悟得这一点，心里只敞亮了一点点。

标题弄明白了，每个标题下的详细阐释按理说更能明白。可事实上，理解这五大段解释比理解标题要难多了。每一段我都反复读了不知道多少遍，边读边写下思考，不断地查阅有关书籍，还用画思维导图的方式看能不能找到深刻理解这段话的有效方式。我还多次向一些专家请教，每次就一个理念聊两个多小时。越读越觉得这五条课程理念的理解怎么这么难呢？

比如第一条理念"立足学生核心素养发展，充分发挥语文课程育人功能"。后面的179个字，既是解释这一条理念，也是告诉我们如何去落实这一条理念。这179个字分为两部分：第一部分大概是在告诉我们要"综合构建素养型课程目标体系"，第二部分是告诉我们要"面向全体学生，让学生得到全面发展"。也就是通过这两个内容来落实这一理念。那素养型课程目标体系是怎样的？一是目标体系要"围绕'立德树人'根本任务去做"，二是语文课程的育人功能和奠基作用要发挥出来，三是目标体系的目的要"促进学生核心素养发展"，四是目标体系的主线由"四大语文实践活动"组成。

总觉得如此分解还不是"简单化"表述。也许是因为没有教材这个实体，让理念与现实操作无法挂钩。

第二条理念"构建语文学习任务群，注重课程的阶段性与发展性"。看后面的148个字中的"义务教育语文课程结构遵循学生身心发展规律和核心素养形成的内在逻辑"这一句，谁读到谁都会问："学生身心发展规律是什么？""核心素养形成的内在逻辑是什么样的内在逻辑？"那后面的"以生活为基础，以学习主题为引领，以学习任务为载体，整合学习内容、情境、方法和资源等要素，设计语文学习任务群"是不是对这两个问题的解释？可以肯定的是，这些内容不是对"学生身心发展规律"的解释，因为学生身心发展有五大规律。一是顺序性，指身心发展由低级到高级，由简单到复杂，由量变到质变。它告诉我们，在教学中要循序渐进，做到盈科而后进，不能拔苗助长、凌节而施。二是阶段性，指不同年龄阶段有不同的特征和不同的发展任务。它告诉老师在教学中不能"一刀切"，也不能"一锅煮"。在小学阶段，学生思维主要以具体的形象思维为主，所以语文课本里要有大量的图片；而到了中学时期，学生思维主要是抽象逻辑思维占据主导地位，此时的课本就应以大篇幅文字为主。三是不平衡性，也就是同一方面和不同方面在不同时期发展速度不平衡，时快时慢。心理学上，把发展比较快的时期称作关键期，这就告诉老师在进行教学的时候要抓住关键期，适时而教。像狼孩就是因为错过了语言发展的关键期，所以回到人群中之后难以融入。关键期就要做关键期的事。四是互补性，主要表现在两方面：一方面是生理和生理的互补，如盲人的听力比较好；另一方面是生理和心理的互补，如身残志坚。这样的规律告诉我们，要扬长避短、长善救失。五是差异性，主要表现在两方面：一方面是群体和群体的差异，如男女老少的区别；另一方面是个体和个体的差异，如人心不同，各如其面。这就告诉我们要因材施教，有的放矢。

我在网上搜索"核心素养形成的内在逻辑"，没有找到答案，只看到了有高中物理老师在文中用了"物理学科核心素养形成的内在逻辑"，但文中没有说什么是特别学科核心素养的内在逻辑是什么。看来只能暂时将"以生活为基础，以学习主题为引领，以学习任务为载体，整合学习内容、情境、方法和资源等要素，设计语文学习任务群，让学生在任务群里实践学习"作为语文学科核心素养形成的内在逻辑了。对这一解释，我还无法说服自己，我也想快速寻找到什么是"核心素养形成的内在逻辑"。2022年4月30日，听了北京师范大学博士生导师、教育部义务教育语文课程标准研制修订组召集人郑国民教授讲

《义务教育语文课程标准（2022年版》的解读讲座，很想听到这一解释，很遗憾没有听到。不过，一番研究我已经感觉到"语文学习任务群"应该从哪些方面进行设计了。

第二个理念用简单化的词句来说，就是接下来的语文课程要以"语文学习任务群"来构建了。这个任务群怎么设计、怎么安排、怎么做、注意哪些事项，在后面的"语文学习任务群"里我再细谈。

第三个课程理念比较清楚。因为这一理念新旧课程标准中一直有。

第四、五个课程理念，我读了几遍终于懂了。我认为"倡导"不该用在课程标准中。"倡导少做题、多读书、好读书、读好书、读整本书……"在"学习任务群"中有专门的"整本书阅读"，用"倡导"不合适。而第五条课程理念"倡导课程评价的过程性和整体性，重视评价的导向作用"我认为更得改，"课程评价"怎么能倡导呢？这一条很好改，我将其改成"加强（或重视）课程评价的过程性和整体性，重视（或发挥）评价的导向作用"。我改得不一定好，但比课程标准的说法要好多了。

### 三、如何落实这一理念

下面我以《小英雄雨来》这本书为例来说一说。

看学习任务群，知道"整本书阅读"属于拓展型任务群。看高中教材知道整本书阅读就是一个单元，即这个单元就是1本书。看整本书阅读第二学段要求得知《小英雄雨来》就是第二学段要求读的，不妨就把《小英雄雨来》这本书设想为四年级下册整本书阅读任务群。作为一个单元，教学时间不可能是两个课时。我们可以设想是两周，即用两周的时间来学《小英雄雨来》。那么上哪些内容？这让我想到了美国小学六年级《富兰克林自传》，其编写结构如下：

（1）课题：《富兰克林自传》

（2）阅读指导：《本杰明·富兰克林》（此文略），内容包括他的早期生活、科学人生，作为政治家和外交家的故事及其背后的故事。

（3）背景知识：《历史：富兰克林在费城》（此文略）

（4）文学与生活：联系你的经历认识自传中的真实生活故事，我感受它与任何虚构的戏剧故事一样令人激动；日志写作：如果你在准备写自己的自传，列出你打算选择描写的内容；专题聚焦：《自由的呼声》（此文略）。

（5）文学聚焦：一是介绍什么是"自传"，怎么去写自传。在资料中我们可以读到《富兰克林自传》，它为当时的这种新文体设定了标杆。二是《富兰克林自传》（节选）（文章略）。

（6）问题指南：一是文学和生活（读者反应、主题焦点、小组活动）；二是阅读理解（设计了四个问题，略）；三是思考（从解释、应用、拓展方面设计了五个问题，略）；四是文学聚焦（多角度地认识"自传"，特别提出一个问题是"别人写富兰克林，这篇文章该会有怎样的不同"）。

（7）作品累积。

一是点子库。（写作：①广告。为《富兰克林自传》写一条广告，登在费城的报纸上或出现在富兰克林生活的时代。②个人改进计划。考虑几个你想要有所改进的方面，然后考虑你能做什么，以便在这些方面取得改进。把你的想法在一份书面计划中写清楚，其为"健康连线"。③报告。《富兰克林自传》对世人展示了富兰克林的一个侧面，将你从自传中所了解的内容与富兰克林作为一名政治家进行比较，将你的发现写成一篇短论文，其为"社会研究连线"。项目：①海报。了解更多富兰克林在科学领域的成就，制作一张集中表现他的一些成就的海报，其为"社会连线"。②旅游指南。为到费城旅游的游客制作一本旅游指南，要集中表现富兰克林的成就，并包含一些相关历史古迹的照片）

二是微型写作课。（第一，自传式叙述。任何人都可以写自传，并且有大量的材料可供选择。要求学生从自己的生活中选择一次重要的经历，写一篇关于这次经历的自传式叙述。第二，写作技巧的重点。表现因果关系——在你的叙述中清楚地表现一次经历在你生活中产生的影响，注意富兰克林是怎样有意识地预测每种美德将会取得的效果的。第三，自传中的范例。文中最值得反思的地方可再读。第四，构思。在头脑中列出一个你想要描写的经历的细节清单，注意发生了什么事情，你有什么感受和你可能学到了什么，尽可能包含最多的细节。第五，写稿。写出你的自传式叙述，纳入可以使读者们清楚了解这一事件及其重要性的细节。记得要表现这次经历和你的生活之间的因果关系，使用例如"由于、如果……那么……、因此"之类的过渡词向你的读者强调这个关系。第六，修改。在你作修改的时候，要注意因果关系。如果一个过渡词可以使因果关系更清楚的话，就应加上一个。）

让四年级的学生读《小英雄雨来》一书是没有什么问题的。这篇文章教材怎么编才能落实五大课程理念呢？借鉴一下上面的编法，假如教材也能这样编写，五大课程理念可以全面体现出来。

（1）课题：《小英雄雨来》

（2）阅读指导：《管桦》（此文略），内容是详细介绍这本书的作者管桦的军旅生涯的，将其创作这部小说的背景故事告诉学生。

（3）背景知识：《抗日战争》（要把日本侵华战争的相关史实告诉学生）

（4）文学与生活：联系你的阅读经历理解这一故事为什么让你如此激动；日志写作，这本书有41个故事，读读、想想、写写，联系自己的生活，随时写下几篇生活日记。

（5）文学聚焦：一是介绍什么是战争体裁小说。二是聚焦《小英雄雨来》（节选）。

（6）问题指南：一是文学和生活（读者反应、主题焦点、小组活动）；二是阅读理解（设计几个问题）；三是思考（从解释、应用、拓展方面设计几个问题）。

（7）作品累积。

一是点子库。（写作：①两封信。给文中喜欢的人物写一封信，然后模仿该人物收到信之后回一封信。②如果让你给当今的日本首相写一封信，你想怎么写。项目：①故事会海报。举办"小英雄雨来故事会"，设计海报，制作门票、邀请函等。②参观指南。如果到小英雄雨来纪念馆参观，请制作一本参观指南。

二是微型写作课。（第一，看《小英雄雨来》电影。结合阅读的图书写一篇文章。第二，写作技巧重点。正面人物、反面人物的动作、外貌、语言等细节描写。第三，《小英雄雨来》中的人物群。文中最值得思考的人物，要反复读。第四，构思。从41个故事看作者是怎么写这部书的。第五，写稿。这本书读完，如果给某报纸杂志投稿，你准备写什么呢？第六，修改。）

假如教材能以如上结构去编写，阅读与鉴赏、表达与交流都会融入，这肯定是面向全体学生的，"立德树人"之育人理念也能真正落实；语文学习任务群，注重课程的阶段性与发展性，肯定有效体现在课堂中；注重课程内容的整合，突出革命文化，知识与能力、过程与方法、情感态度与价值观的整体发展之理念也都落实了；学习方式的变革也清清楚楚地呈现于课堂中了；一步一步地做下来，尤其是写好多篇文章并能投稿，这都是过程性与整体性评价，所以第五个理念也会自然而然体现在教学之中。

4月28日
星期三
关键词：关键能力

# 核心素养与关键能力

《义务教育语文课程标准（2011年版）》没有提到"核心素养"，却有"语文素养"（共出现13次），因为中国学生发展核心素养是2014年才提出来的。

2016年9月16日，"中国学生发展核心素养"正式出炉，分为"文化基础、自主发展、社会参与"三个方面，综合表现为"人文底蕴、科学精神、学会学习、健康生活、责任担当、实践创新"六大素养，具体细化为"人文积淀、人文情怀、审美情趣、理性思维、批判质疑、勇于探究、乐学善学、勤于反思、信息意识、珍爱生命、健全人格、自我管理、社会责任、国家认同、国际理解、劳动意识、问题解决、技术运用"18个基本要点。

《义务教育语文课程标准（2022年版）》中的"核心素养"一共出现了34次，但"语文素养"消失了！这意味着仅仅使用10年的"语文素养"被"核心素养"取代。那属于语文学科范畴的"核心素养"是什么呢？新课程标准还是非常明确地从"文化自信、语言运用、思维能力、审美创造"四个方面整体解释了语文学科核心素养的内涵。

《义务教育语文课程标准（2022年版）》与《普通高中语文课程标准（2017年版2020年修订)》中的"课程目标"是一致的，即以"学科核心素养"取代了"学科三维目标"。《义务教育语文课程标准（2011年版）》非常明确地说"课程目标从知识与能力、过程与方法、情感态度与价值观三个方面设计"，新课程标准同样非常明确地说"语文课程围绕核心素养，体现课程性质，反映课程理念，确立课程目标"。这超级大的变化需要老师们细致研究，只有完全理解了才能在课堂中落实。

当我们一线老师对"核心素养"还处在一知半解或者迷迷糊糊的状态时，"关键能力"与"核心素养"一起来了。以前的课程标准中没有"关键能力"这个短语。虽然新课程标准里只出现3次"关键能力"，但思考是必须有的，因为这是关键能力。什么是关键能力？

许芳菊在《关键能力》一书中，将方法能力和社会能力合称为关键能力。另外，新加坡把职业核心能力也称作关键能力。

2017年9月24日，中共中央办公厅、国务院办公厅印发了《关于深化教育体制机制改革的意见》，文件中明确提出"要注重培养支撑终身发展、适应时代要求的关键能力。在培养学生基础知识和基本技能的过程中，强化学生关键能力培养"，并进一步指出"要培养四种关键能力，即认知能力、合作能力、创新能力、职业能力"。很显然，这四种关键能力是针对所有小、中、大学生的。

那语文学科的关键能力又是什么呢？这是至今还没有明确答案的问题。我以"关键能力"在京东、当当上搜索到了很多带着"关键能力"字眼的书：《关键能力：儿童专注力训练手记》《指向关键能力的STEM课程构建》《发展儿童数学关键能力》《小学道德与法治学科关键能力研究》《考试改革背景下数学关键能力进阶培养研究》《考点帮·知识+关键能力》《镜像练习：认知成长的关键能力》《高考语文读写关键能力培养》《英文写作12大关键能力》《看不见的竞争力：68个教育细节培养儿童关键能力》《关键能力——你的孩子该学什么》《幼儿园保育员关键能力必修课》《幼儿园园长关键能力必修课》《卓越教师的关键能力与素养》《幼儿教师6项关键能力实操指导》……很是奇怪，有关小学语文学科"关键能力"的书没有找到。从这些书名来看，"关键能力"真的很复杂。要想解决小学语文学科"关键能力"，也只能从《高考语文读写关键能力培养》这本书着手了。这一书名直接告诉我们高中语文的关键能力就是"读写能力"，其他语文方面的能力就不能确定为关键能力。那能不能将"读写能力"确定为小学的关键能力呢？思来想去，感觉还是不关键。为什么呢？因为小学不能没有识字，这个很关键。不管是教学大纲，还是新旧课标，都要求：小学六年，认识3000个汉字，会写2500个汉字；初中三年累计认识常用汉字3500个，没有会写多少个汉字的要求。但是，对于高中三年，连认识多少个字都没有规定。仅从这一点来看，小学识字能力肯定是非常关键的。我关注全国各个省、市高考、中考语文成绩很多年了，没有哪个省的语文平均分及格过，优秀率也极低极低，比数学、英语低多了。为什么高中三年重视读写关键能力却没有给学生带来较高的分数呢？至今找不到答案，也许高中还没有把"读写能力"当成真正的关键能力来认识并加以实施。

我又在"中国知网"上搜索"关键能力"，搜索到的文献有2046篇（2022年4月27日搜索的数据）。最早的文章是王立军老师发表在《教育理论与教育管理》（1997年第5期）上的文章，题目就叫《关键能力》。读下来，仍然找不到属于小学语文的关键能力。

另外，我在一篇文章中居然读到这样的判断：当"核心素养"成为教育关注的焦点时，随着关键能力的提出，核心素养就会成为教育过去式，会被关键能力所取代。也有不少学者撰文，认为核心素养与关键能力就是一回事，只是换了说法，如土豆与马铃薯一样，没有本质区别。那关键能力能否取代核心素养？肯定不会。从这次义务教育课程方案及 16 门学科的课程标准来看，两个词语共同走进来。

这些年，关于核心素养，国际教育及国内学界存在着较大的分歧和争议，但有一点他们普遍认同：核心素养是适应社会发展和终身发展的必备品格和关键能力。这一界定告诉我们，核心素养包括必备品格和关键能力。什么是适应社会发展和终身发展的必备品格？爱因斯坦说过："优秀的性格和钢铁般的意志比智慧和博学更加重要，智力的成就很大程度上依赖于性格的伟大。"发展核心素养不仅仅是培养关键能力，还包括培养必备品格，如责任感、事业心、顽强的意志、坚韧的性格、良好的处世心态及协作精神等。在关键能力与必备品格双重因素的作用下，核心素养才能获得综合效应。核心素养与关键能力不是一回事，二者是包容与交叉的关系，不能将二者混为一谈。

关于关键能力，还是有不少专家论述过，这里再摘录一些，以便找到小学语文学科的"关键能力"。

郑桂华教授在其论文《略谈指向语文关键能力培养的教学策略》中这样讲：

关键能力是学科核心素养的核心要素，是一个人某一方面综合素质的集中体现，又是在实践中才可能表现出来的知识、素养、意识的集合。语文学科的关键能力主要包括语言自主学习与建构的能力、对不同特质文本的阅读能力、在具体情境下的沟通能力、独立负责的思辨能力等。

**点评**："关键能力"能"等"吗？写作能力为何没有列进去？

如何来培养学生语文关键能力呢？郑教授指出：

培养学生语文关键能力的主要策略是：由基本技能教学向促进关键能力建构转化，通过系列学习活动促成学生关键能力的发展，并注意与其他学科共享资源，实现关键能力的共生。

大学教授的解释肯定是正确的，但对于一线小学老师来说，这些能力就变得难懂而不易在一线具体实施了。

有老师说，小学语文的关键能力就三个字"读、思、写"。

有人说，语文能力有：阅读理解能力，分析概括能力，组织语言与表达能力，口语交际能力，基础知识运用能力，写作能力。这些能力中的关键是什么？没有答案。

李旭东教授认为：语文学科的关键能力就是语文学力，也就是阅读力、表达力和文化力。

特级教师朱洁如在《小学语文关键能力的厘定》中说：阅读和写作是语文学科的两个关键能力。

那语文学科的关键能力到底是什么呢？如果我们认同核心素养与关键能力的包容交叉关系后，那"核心素养内涵"中的"思维能力"可不可以作为小学语文学科的关键能力呢？不妨看一看新课程标准又是如何阐述"思维能力"的。

思维能力是指学生在语文学习过程中的联想想象、分析比较、归纳判断等认知表现，主要包括直觉思维、形象思维、逻辑思维、辩证思维和创造思维。思维具有一定的敏捷性、灵活性、深刻性、独创性、批判性。有好奇心、求知欲，崇尚真知，勇于探索创新，养成积极思考的习惯。

"思维能力"可不可以作为关键能力？我只能说应该是可以的，还无法完全确定。因为小学识字能力、小学读写能力的确很关键。有人说，关键能力可以多一点。可以是可以，但太多了，就不关键了。

也许有人会说，难道就不能从"识字与写字""阅读与鉴赏""表达与交流""梳理与探究"中确定四个关键能力吗？这也是法子！那就把"识字能力、阅读能力、表达能力、探究能力"作为小学语文学科关键能力。亲爱的读者，你不反对吧？

4月29日
星期四
关键词：四大难题

# 课标的四大突破，能解决这四大难题吗？

课程标准制定组专家成员都说，这次课程标准有四大突破：一是课程核心素养，二是学业质量，三是课程内容结构化，四是学科实践。我连续多天看语文课程标准，的确感受到四大突破的存在。面对这四大突破，接下来的中小学语文教学质量能否因"四大突破"有所提高？

福建师范大学潘新和教授在其著作《潘新和谈语文教育》中说：

20世纪初，我国现代语文教育开始了。一个多世纪来，收效如何？请看下面几段文字：

1942年，改革派领军人物叶圣陶先生说："国文教学几乎没有成绩可说。"

1978年，语言学界泰斗吕叔湘先生在《人民日报》著文评论："十年的时间，2700多课时，用来学习本国语文，却是大多数不过关，岂非咄咄怪事！"

1995年，张志公先生坦承："中国人学自己的语文甚至比学外语还要难，这是说不过去的事！我们这些搞语文的人是要承担责任的。"

2007年,《羊城晚报》记者采访著名作家王蒙,他说,"语文教学和文学解读把孩子教傻了""我要是考作文,都能交白卷"。

2007年和2008年,北京大学温儒敏先生分别对北大中文系新生与外校学生调查:学生对中学语文教学不满乃至反感。

2012年,教育部普通高中课标调研组大范围调查:学生对语文教学评价为所有学科倒数第一。

2013年2月1日《中国青年报》撰文《北大教授呼吁:救救语文教育》。北京大学张海霞教授因绝大多数学生文稿不通,批评:"这语文都怎么学的?!"疾呼:"救救语文教育,救救我们的中华文化。"

……  ……

时间过得真快,2013~2022年,又一个10年,我国中小学语文教育教学质量怎样?与前面相比,有没有进步,进步了多少?

《普通高中语文课程标准(2017年版2020年修订)》+《义务教育语文课程标准(2022年版)》,还有课程标准下的教材,及各类培训,能否让接下来的中小学语文教学来一次美丽的转身?专家们士气高昂,不断言说着四大突破,老师怎么才能扛着四大突破之大旗于课堂之中让语文教学质量来一次飞跃呢?

## 一、写作问题(表达与交流)

我国中小学生整体性害怕写作的状况一直没有改变。这一难题不解决,再多的突破也可能一点用都没有。对中外儿童写作进行比较研究后发现,很多能让学生爱上写作的文体及方法在过去的中小学语文教材中一直没有,即使有研究报告这个文体,也得不到重视。比如诗歌、读书报告、调查报告、研究报告、剧本、整本书写作、创意写作等,多年来,我们的教学大纲、课程标准只是简略地提一提,教材多是九年安排一次，不痛不痒。新课程标准的确规定了很多文体，多年以来，我国的教育教学现状是"考什么教什么，不考绝对不教"，而增加的这些文体多是不可能考的，比如诗歌、报告、剧本、整本书写作。国外中小学母语学科的这些文体写作，不考也得教，并且还得教得有成果，而这些成果还是申请上大学的必要条件。我国的高中、大学招生从未有过这样的必要条件（我们只要分数，只有自主招生略微增加一些条件，但也没要什么写作成果）。在不考的情况下，如何保证这些文体被老师重视？反复读课程标准中的"课程内容"中的"教学提示"及"学业质量""课程实施"，找不到答案。另外，中小学作文的宿构、套作还是非常严重的，这样的教学怎么改？多年来，一次习作只能用1~3课时来教，可以说很多学生数年下来都没写过一篇合格的文章。一次习作到底用多少课时合适？现在课程标准在课内习作数量上与上一版课程标准比没有变化。其实1年课内习作16次太多了，减少一半都不会影响学生写作素养的形成。如果真能减少一半，每篇习作用更长的时间来写，努力达到篇篇合格，学生热爱写作的习惯肯定会养成。不知道新课程标准制定的专家们怎么看待这些问题？新课程标准中的"口语交际"与"写作"合并了，原来教材中的"口语交际"肯定要有变化了。合并之后怎么教表达？这又是一个难题。

## 二、课文问题（阅读与鉴赏）

我在十多年前就专门写过文章探讨课文教学问题。当下中小学课文教学问题相当严重。看多年中小学语文教材，课文居然有精读课文与略读课文之分，这种分法导致一篇课文只能教1~3课时。读九年统编版语文教材，小学有292篇课文，初中共有144篇课文，合计436篇课文，哪篇课文被老师教通透过？有的专家还反对教通透呢，认为教得太深没有必要！我国中小学不管名气多大的老师都无法公开保证通过1~3课时把精心挑选的课文讲通透。就是北大中文系教授、语文课程标准制定组的团队成员（都是名家大师）也不可能用1~3课时把一篇课文讲通透。我早把这种课文教法比喻为"挖坑式教学"，即教一篇课文挖一个坑，教一册教材挖26或28个坑，9年时间共挖436个坑。这么多坑，却看不到一滴清澈的水流出来。流不出清澈的水，素养怎么可能会有呢？这几年，我国语文界居然还冒出"长文短教、难文浅教"的怪论！这次新课程标准有了重大突破，在课程标准中搜索不到"略读课文"了，那教材中的这些课文该不该取消呢？"教材编写建议"中没有写一个学期要编24~28篇课文，能不能变成一个学期编4个单元，一个单元3篇课文呢？肯定有专家持否定意见。请别忙否定！多年的一线经验告诉我，什么时候课文量大幅减少，一篇篇课文从"挖坑式"变成"挖井式"教学，孩子的语文学科核心素养才能养成。但愿这"四大突破"能让课文量大量地减少。

### 三、读书问题（整本书阅读）

我国中小学语文教学质量不高，与一直没有全面落实大量读整本书有关。疯狂的应试教育、一张又一张的试卷，根本不给学生大量阅读整本书的时空。"读书破万卷，下笔如有神。""读得越多，写得越好，读了那么多，还写不好，是因为读得还不够多。"这些老理论永远不过时。

为什么做了那么多试题，学生语文还是考不好？有一个非常重要的原因就是不少学生有阅读障碍。这个比例很大。（据国外的研究发现，有10%~20%的学生有阅读障碍，成人则达25%！）一个有阅读障碍的学生，靠做题是改变不了其状态的。而改变方法目前只有一个：每天读

1小时课外书，坚持1年就能成功。但如果停止大量阅读，还会重新回到原来的状态。对于有阅读障碍的学生来说，只有多年不变大量读书才能与正常人一样，并且还有极大可能变得非常优秀。另外，脑科学及阅读研究专家早就发现：每天只读五六分钟的课外书，对应的阅读成绩是50~60分；每天读20分钟课外书，对应的阅读成绩是85~90分；每天读60分钟以上课外书，对应的阅读成绩是95~98分。

新课程标准非常重视"整本书阅读"，这是前所未有的。但课外阅读量仍然是9年共计400万字。9年400万字，每天读五六分钟就可以达标。如果仅限此量（多年来，很多学校的很多学生这个基本量都没有完成），学生的语文成绩也只能是50~60分。据有关专家透露，我国自恢复高考以来，没有哪个省的语文高考平均分及格过，仅从课外阅读所用的时间上就能找到原因。

不知道这一次新课标的实施能否让全体学生从每天读课外书5~6分钟变成每天读课外书20~60分钟？如果达不到这个量，总目标及学段整体目标肯定还是难以完成的。

### 四、评价问题（学业质量）

新课标的实施是否会有真正的"学业质量测评"？

学业质量测评决定着老师如何使用课程标准，一道道评价题目决定着老师如何使用教材来教，也决定着学生核心素养能否真正地形成。"教学评一体"告诉老师"怎么教、怎么学就怎么评"，也会让老师"怎么评就怎么教、怎么学"。"教学评一体"如果是老师的教学评一体，就会是"老师怎么教、怎么学怎么评"。这让我想起了好多年前《人民教育》上多篇文章介绍江苏吴江实验小学的"一师一卷"，这就是"教学评一体"的实践。但这样做的学校少之又少，教育主管部门也不会放手让老师做。当下的很多"评",变成了"学校评"(不允许期中考试,有学校还是偷偷出题来评价了)和主管部门"评"(一是教育主管部门的教研室或教师发展中心的学科教研员命题,二是对四年级学生的国家或省级教育质量监测,三是大市有关部门命制的毕业、升学考试题)。这两评很容易让老师的教学发生变化。一线老师肯定会把很多时间用在琢磨已经有的试卷上,然后根据考试的题型等进行"考点式"教学,这种"教学评一体"与"一师一卷的教学评一体"肯定不一样。当然"教学评一体"还有第三种,那就是平时上课中"教学评一体"。三种"教学评一体"能否让语文教学来一次重大突破与转折?这是个未知数。

2021年开始,高考命题发生了重大改变;2022年初,看到一则报道,说全国将对中考试卷命题进行改革,命题权交到了省里,大市不再命中考题了。那么义务教育阶段,特别是小学的期末考试命题,何时也能有如此大的变革?多么希望小学三个学段的期末试题(或者每个学期期末考试)也能由省或国家有关部门来命制。这么做好处很多。因为由省或国家有关部门命题,全国统一起来,才知道什么是"以标命题"。评价准了,全面了,科学了,有创新了,学生的全面发展等目标才能真正实现。

4月30日
星期五
关键词：新名词

# 新名词与课标解读

课程标准不可能缺少新词！不少老师面对没有见过的词，往往感到困惑，甚至有人非常反感。其实，没有必要这样。

读我国百年语文教学大纲、教学纲要、课程纲要、课程标准，哪一部中没有属于那个年代的新词？

文字被创造之后，新词语肯定是越来越多，这是人类社会发展进步的体现。懂英语的人都知道，每年都有数万个新词诞生。为什么？因为发明创造多了，过去没有的东西就只能创造一个新词语来表达。所以，新课程标准出台，面对新的词语，没有必要反对，先接纳、再研究，弄明白了，就落实。尤其语文老师，更不要反对。

这次新课程标准有哪些新名词？其实，几遍阅读下来，并没有发现什么特别新的名词。所有的词语都在这部新课程标准发布之前出现过。

"关键能力"早就有了，"核心素养"好多年了，"学习任务群" 2017年高中课程标准就有了，"教学评一体"一线老师早就会说了，"大单元"（课程标准中没有出现，课程方案中出现了）早就被一线老师使用了，"载体"不新，"国家通用语言文字"绝不陌生，"立德树人"本身就是热词,"文化自信"还有哪个老师不明白?

"社会主义先进文化"报纸杂志上早就有了详细的列举(课程标准也做了详细解释),"真实生活情境"不难理解(落实有点难),"思维导图"20世纪末来我国,"跨学科学习"更算不上新词,相关的主题文章数不胜数。"社团"在学校早就落地了,"体认"一词看似比较新鲜,其实是个老词(宋张载《张子语录·后录下》:"大抵心与性情,似一而二,似二而一,此处最当体认。"清周亮工《书影》卷一:"每日能体认所行善恶。"茅盾《子夜》:"这多年以来,她虽然已经体认了不少的'现实的真味',然而还没足够到使她知道她的魁梧刚毅紫脸多疱的丈夫就是20世纪机械工厂时代的英雄骑士和'王子'!"),就是体会认识、体察认识。"赓续"也是老词(继续之意),"人工智能"这几个字小朋友都会说了……

如此列举,就会发现这部课标制定者并没有创造任何新词汇,最新的词也要五岁以上。这些词都好理解,可为何大家共同感觉这部课标新的词语那么多呢?其实不是这些词语的缘故,而是新鲜事物刚刚出现,人往往都有这种感觉。一个个新词的理解不难,若干个新词旧词叠加组合起来,肯定会发生质变,这就是哲学上的"组合质变"。词语还是那个词语,但一个个词语重新组合,新的东西就出来了。所以,这部课标相较于以前任何一部课标,的确在质上发生了变化。这样的评价其实也没有多少意义。因为前面任何一部教学大纲、课程标准颁布时,评论家们都是这么说的。新课程标准颁布几日的热劲一过,大家冷静下来,慢慢思索,一定发现很多很多思想、理念、策略都不是原创。如果硬说这部标准前所未有,也许就是把已经有的思想、理念、策略等重新组合在一起罢了。

众所周知,课程标准制定者大多是教授级的专家。习惯使然,他们讨论制定课标时，肯定认为老师是能读懂这部课标的，因为老师本身也是专业化人士，不该不理解。事实上，他们也非常清楚一线老师有可能不理解或者是绝大多数不理解，所以课程标准一颁布，专家们都在忙于解读。他们想通过解读来让一线老师理解并能更快地接受。不过，很多词语，他们并没有解读。我国专家学者解读教学大纲、课程标准的历史不长，也就是从 1986 年语文教学大纲颁布之后开始的。不过，那时候只是在杂志上偶尔出现一篇或几篇文章，并没有什么解读类著作问世。2001 年课程标准颁布之后，课程解读之类的书开始出现了。我 1992～2002 年从事小学语文教材教法教学，2000 年之前，没有买到这方面的书。2002 年之后，陆续买到了几本，读下来，可以说越读越糊涂。不是说专家们写得不好，是因为写得太好，好得让我们真的看不懂。如果你 2001 年之后一直在一线教书，一定知道绝大多数的学科老师没有几个看课程标准的，许多老师恐怕连一遍都没有读过。他们只要拿到教材，就会备课，就能走进课堂。这是不是很神奇？《义务教育语文课程标准（2011 年版）》颁布，没读过、用过这一课程标准的老师太多了，因为此后 10 年，这一课程标准没有产生一套完整的教材，最多也就编用到三年级就结束了。这 10 来年，老师头脑中没有什么标准，拿到语文教材不是也照样教下来，一年又一年的考试不也考下来了吗？这种现象是不是好奇怪哟？

标准，原义为目的，也就是标靶。由于标靶本身的特性，衍生出一个"如何与其他事物区别的规则"的意思。后来变成一种以文件形式发布的统一协定，其中包含可以用来为某一范围内的活动及其结果制定规则、导则或特性定义的技术规范或者其他精确准则，其目的是确保材料、产品、过程和服务能够符合需要。

其实，人类自有了文明之后，标准就产生了。走进 20 世纪，标准好像开始增多；生活在 21 世纪，可以说人人被标准包围着。语文课程有标准，语文教师有标准，语文教学也有标准。不按规定的标准来，只按照自己的标准走，语文教学就是老语文教学。

世界各国，哪个国家没有各类课程标准？那些国家的标准出来，是不是如我们一样，大量解读随之而来？据我查阅的资料看，这好像又是我国的独有现象。

关于课程标准的阅读与思考，我在这方面花的时间一直不少。2002 年 5 月 8 日《成才导报》（现《江苏教育报》）A8 版整版发表了我写的《语文课程标准（实验稿）存在问题浅探》。我在文章中谈了三个问题：一是教师需要"不需要解读的课程标准"，二是目标制定的力度不够，三是"具体"与"模糊"之规定要更科学。因为此文前面有"编者按"，编者希望这篇文章能引起更多的老师与专家共同思考语文课程标准。半年时间，有 20 位专家、老师参与讨论。看着大家的言论，我继续思考课程标准，一个个新的问题跳了出来："语文课程标准应该有什么样的读者群？""学习语文的'兴趣'怎能只重视激发？""企业产品的标准与课程标准应该有着相通之处！""不能没有'喜爱图书，爱护图书'的评价！""茅盾文学奖的获奖作品，没有一部适合九年义务教育的学生来读！""整本书阅读需要大量的时间、指导，课程标准没有系统的、可操作性的建议、要求！"……16000 字的质疑文字码好，2002 年 8 月，《中国教育资讯报》（现《中国教师报》）分三期三整版连载，当年 10 月，《课程·教材·教法》杂志做了摘要转载。那时候全国就有数百家网站转载了这篇文章，我也成为全国最早在媒体上对语文课程标准提出问题的一线老师。

2012 年春天颁布的《义务教育语文课程标准（2011 年版）》我读了很多遍，我 2002 年质疑的地方，这部课程标准吸纳了不少！比如茅盾文学奖获奖作品不适合义务教育阶段的学生来读，2011年、2022年课程标准中都没有这一建议了！2012年3月，我完成了18000字质疑《义务教育语文课程标准（2011年版）》的文章，在当年的《教师教研周刊》、《小学语文教学》、《中学语文教学参考》（初中版）、《小学教学设计》（语文版）、《小学语文教师》等杂志上发表。下面是我质疑课程标准的第一篇文章，整整20年了，真的没有过时！不信大家读读看。

## 教师需要"不需要解读的课程标准"

课程标准取代大纲（注：新中国成立前就使用过"课程标准"），这是中国教育发展中的一件大事。因为标准是教育的底线规定（也是教育质量合格的规定，不是优秀的规定），这将有利于我国义务教育的全面实施。众所周知，当今教育如果没有标准，这是国家全面教育滞后于社会发展的反映。这也是我国各学科课程标准产生的背景。

因为从事语文教学法工作，必须熟知新中国成立以来我国颁布的小学语文教学大纲，甚至其他国家的母语教学大纲等也要略知一二。在资料搜集中发现，我国自1986年语文教学大纲颁布以来，出现了许多解读文章。从2001年8月起，我国任何一本中小学教育期刊、任何一种中小学教育报纸，都有新课程标准的解读文章，其数量创历史之最。为什么新大纲、新课程标准需要解读？我认为原因有三：一是对一线教师的不相信，课程标准制定者、各地的教研员害怕一线教师读不懂；二是新课程标准中有许多新词汇，一线教师真的不知道，不解释不行；三是新课程标准是一项大改革，解读可以向教师灌输新的改革理念。但是不管哪种原因，都充分暴露出我们的课程标准不通俗（通俗就不需要解读），这也是语文课程标准中的一个大问题。

这种解读现象是不是中国特有？带着这一问题，我与留学美国的一朋友取得了联系，让他帮助我解决这一问题。在美国，课程标准颁布后，教师人手一本，教育期刊也刊登其内容，但没有解读文章，原因之一是这些课程标准简单明了，教师一读就懂。许多教师还认为，解读实质是不相信教师创造力的表现。对日本、加拿大、英国的教育期刊进行研究也发现，没有解读标准的文章（日本的教育期刊95%的文章是实验报告、课题研究成果）。那我国这么多的解读文章，一线教师都看吗？带着这一问题，我来到某市五所小学与近百名教师进行了座谈，结果是90%以上的教师不读这些解读文章，原因是解读文章与课堂教学是两码事，靠这些文章是难以提高教育教学质量的，考试评价不以解读文章为指导。另外，提前读也没有必要，届时还要接受教研室的培训（当地教研员的解读）。8%的教师会选择性读读这些解读文章，原因是有利于快速了解课程标准，写写有关文章，但这些人也反映，解读文章重复太多。有位教师还说了这样的话："2000年修订的各学科大纲至今没有读一个字的教师大有人在，别说什么读解读文章了，课照样教，试照样考，成绩有的也很好。"看来，解读文章的读者群值得研究。那么为什么有的教师不读大纲、不读课程标准呢？这其中的原因很多，最关键的原因是课程标准制定者把课程标准的实际读者定偏了，课程标准的真正读者应该是一线教师、学生、家长，所以说课程标准必须通俗易懂，必须让学生、家长也都能接受。现在的课程标准的读者好像不是教师、学生、家长，而是从事教育研究的理论人士、专家学者，所以许多教师不读，课堂教学出现了随意性很大、科学性较差的现象。而学生、家长这两个群体就更不用说了。

再比如，语文课程标准中强调"人文素养"。什么是人文素养？我认为这是许多教师难以理解的，因为关于这一问题，目前还没有固定的、能让全体语文教师接受的解释，多是一家之言。这一现实存在，让教师怎么操作呢？有人会说，这就需要教师自己研究。有的教师能去研究，但事实上大部分教师是不会去研究的，不会研究、不去研究，对于教育教学手段的选择就只能停留在原有水平上。

还有"探究性学习"，目前没有定论性的阐述，也没有多少一线教师可以借鉴的方法。课程标准中出现这个词，我在网上、报纸杂志中找到了三十多篇关于"探究性学习"的文章，细读之后，没有发现哪些策略可以交给一线教师，大而化之的时髦之文太多，对探究性学习的认识真的还需要真正意义上的"探究"（注：2011年版的课程标准取消了探究性学习、探究性阅读；2022年的课程标准又有了"探究性学习"，但没有探究性阅读）。虽然这一切都是那么正确，那么好，但作为一个标准应该给教师一些（不需要全部）可行的、可操作的方案、事例，来引发教师思考、研究、创造。

所以在谈论中，大部分教师得出了一个结论：一是课程标准应该通俗、详细，一看就懂，如此教师才能用好；二是应该把解读融入课程标准之中，这样才能做到专家研究与一线教师的实践紧密结合；三是必须将课程标准的读者定位在一线教师、学生、家长身上。（教师用标准衡量自己的课堂教学，学生看标准确定自己的实际水平，家长读标准为孩子提供必要的资源）

> 5月1日
> 星期六
> 关键词：学段要求

# 把增改的"学段要求"弄明白了

## 一、新课标的 9 条总目标

《义务教育语文课程标准（2011 年版）》第二部分内容是"课程目标与内容"，是按照"总体目标与内容"和"学段目标与内容"编写的。读这些文字，其实绝大多数是在说"目标"，"内容"极少极少。《义务教育语文课程标准（2022 年版）》在这方面变化很大，目标是目标，内容是内容，分开来写，不再混编了。

新课标的"课程目标"是从三个方面来编写：一是核心素养内涵，二是总目标，三是学段要求。

中小学生核心素养涉及的内涵非常广泛，但义务教育阶段语文学科核心素养内涵只界定四个方面（一是文化自信，二是语言运用，三是思维能力，四是审美创造）。课程标准制定者还告诉我们这四个方面是一个整体，并把相互之间的关系写在了课标里。

新课标的 9 条总目标与 2011 年版课标的 10 条"总目标和内容"相比，所有数据化的总目标全部删除。由于课程性质、课程理念发生了巨大变化，也就没有必要把两部课标的总目标放在一起做比较研究了。这9条总目标随四大核心素养自然地分为四部分：第1~3条是"立德树人、文化自信"方面的总目标；第4、5条是"语言运用"方面的总目标；第6、7条是"思维能力"方面的总目标；第8、9条是"审美创造"方面的总目标。

此处还有个非常大的变化，就是"学段目标与内容"变成了"学段要求"。那"目标"与"要求"有什么不同呢？为什么这里不用"学段目标"呢？什么是要求？指提出具体的愿望或条件，希望做到和实现。目标与要求的区别在哪里？"目标"是人为制定的、通过努力奋斗在未来一段时间后可以取得的结果或效果，也就是预期结果或预期效果。这一解释告诉我们三点。①目标是人为制定的，不是天生就有的，任何个人、组织都可以制定目标。目标是未来的结果或效果，经过一段时间后才能实现。目标具有挑战性，不经过努力奋斗就不能达到。②目标既可以是定量的，也可以是定性的。③目标有很多分类。根据实现目标所需时间的长短，可分为短期目标、长远目标等。而"目标要求"就是实现目标的要求，即为了实现目标，应该做哪些事情、怎么做。如此看来，这次"学段要求"四个字是非常明确地告诉一线老师，一条一条做好这些事，就能实现9大总目标。

### 二、弄明白"学段要求"

读四个学段的"学段要求"及本世纪三个义务教育阶段语文课标，比较完整地保留下来的内容有两个：一是学段要求里的内容，二是附录的内容。当然，这两块内容还是有些增删改的，把这些增删改的地方弄明白是必须的。

老师都能看明白，原来的"识字与写字"、"阅读"、"写话（第一学段）、习作（第二、三学段）、写作（第四学段）"、"口语交际"、"综合性学习"，现在变成了"识字与写字""阅读与鉴赏""表达与交流""梳理与探究"。这一变化必然带来教材、教学、评价的诸多变化。有人说，接下来的期末语文试卷，也应该按照这四部分来命题了。按理说这是命题人要遵守的。

（一）第一学段，四块内容，有哪些变化需要我们进一步思考

1. 读"识字与写字"的4条要求，这是对2011年版第一学段"识字与写字"6条要求的整合。新课标中顺序发生了很大变化，但只增加了三个字"基本的"，即"能按基本的笔顺规则用硬笔写字"。

基本的笔顺规则是什么？除了基本的笔顺规则还有哪些规则？一、二年级小学语文教材里有没有基本的笔顺规则？课程标准的附录中有没有基本的笔顺规则？教三至六年级的语文老师一定知道，有多少学生没有掌握基本的笔顺规则，而他们的错误也几乎改不掉了。

基本的笔顺规则共7条：先横后竖（十）、先撇后捺（人）、从上到下（亏）、从左到右（孔）、先外后里（月）、先外后里再封口（日）、先中间后两边（小）。

还有3个方面的9条补充规则。一是带点字的3条规则：点在正上及左上先写点（门）；点在右上后写点（犬）；点在里面后写点（瓦）。二是两面包围结构字的3条规则：右上包围结构，先外后里（勺）；左上包围结构，先外后里（庆）；左下包围结构，先里后外（近）。三是三面包围结构字的3条规则：缺口朝上的，先里后外（击）；缺口朝下的，先外后里（内）；缺口朝右的，先上后下再左下（区）。

正在使用的统编版小学语文一、二年级教材上有一部分笔顺规则，新课程标准附录中没有。建议新教材中将其整体编入，新课程标准再次

修订也可把这一内容收入附录中。

第二、三学段的"识字与写字",在笔顺上就没有要求了。那"补充的3类9条规则"什么时候教呢?是教还是不教呢?那"补充的笔顺规则"如果要教,应该在哪个年段教?而学生的笔顺错误,大多就出在补充的那9条规则上,从新课程标准来看,那补充的笔顺规则看来是被彻底淡化了。

2. "阅读与鉴赏"增加了"尝试阅读整本书,用自己喜欢的方式向他人介绍读过的书"这一条。这就是说,整本书教学必须从第一学段开始。而"学习任务群"有专门的第一学段读什么书的要求,答案就是读图画书、儿歌集、童话书!图画书已经被不少老师重视了,但仍然有很多老师没有读过多少图画书。这一点,需要老师自己补课了,尤其是一、二年级的老师。一、二年级的老师应该带着学生读多少图画书?学段要求没有说明,"整本书阅读"的任务群也没有说明。美国要求小学六年学生读1404本书,其中图画书总量是1000本;英国小学1~3年级已经没有英语课本了,他们用图画书作为课本,一周要读11本图画书,一年500本,两年阅读量也是1000本左右。如果我们认同这一数据,一、二年级(现在不允许纸质考试)的小学生理应也要读1000本图画书。如果老师自己都读不到1000本(按理说应该更多),那这一要求可能就要落空。

3. "表达与交流"是将原来的"写话"与"口语交际"合并了,9条变4条。最大的变化是:一是不再像过去那样用"写话、习作、写作"之标题来区分"写作",二是把"别人"变成了"他人"。那"别人"与"他人"有什么区别?

别人,是另外的人,指自己或某人以外的人,是人称代词。他人,人称代词,与"自己"相对,特指某人。如此解释好像还看不出多少区别。其实进一步的思考你会发现："他人"是泛指，而"别人"是泛指也能特指。"别人"自指的意思，"他人"不能自指。如此对比，才知道"别人"换成"他人"更加严谨。

4. "梳理与探究"并不是把原来"综合性学习"的内容移植过来整合编写的，像第一学段就增加了很多东西。比如第1条，是从"识字与写字"方面进行梳理与探究的；第2、3条整合了原来"综合性学习"的3条要求，但增加了跨学科学习层面的梳理与探究。

从增加与修改的地方来看，新课程标准对一、二年级的学段要求高了，更贴近一、二年级儿童实际情况了。

（二）第二学段，四块内容，有哪些变化需要我们进一步思考

1. "识字与写字"中增加了"感受汉字的书写特点和形体美""能感知常用汉字形、音、义之间的联系，初步建立汉字与生活中的事物、行为的联系，初步感受汉字的文化内涵"。

"感受汉字的书写特点和形体美"是针对毛笔字提的。增加的两处是针对我国这些年来在汉字教学领域存在的严重问题提的。多少字被乱教，多少字藏着的大文化被教小、教窄了，多少字被教死了，一个个本身拥有创造力、创新意识的字被教得毫无价值。总之，汉字不教活，不活教，是不行的。虽然我国还没有给文字立法（世界上给文字立法的国家是日本，叫《文字活性法》，该法要求老师不能把文字教死），但文字有精准的意义，不能乱来。

2. "阅读与鉴赏"增加了三句话："学习圈点、批注等阅读方法""乐于与他人讨论交流""阅读整本书，初步理解主要内容，主动和同学分享自己的阅读感受"。

正在使用的统编版小学语文教材里有专门"批注单元"了，这个

基本的阅读策略过去没有写入课标，现在写入，不能不重视了。另外，"讨论"一词出现在了"阅读与鉴赏"中，但愿"讨论"能真正、全面地出现在阅读与鉴赏课堂中。

关于第二学段的整本书教学的要求，只有两点：一是初步理解主要内容；二是主动和同学分享自己的阅读感受。这两点要求是低是高，是多是少，是科学还是合理，只有实验之后才能得到更科学的结论。

3. "表达与交流"，增加的两处是："能主动参与日常生活中的文化活动，根据不同的场合，尝试用合适的音量和语气与他人交流，有礼貌地请教、回应。" "能用便条、简短的书信等进行交流"中的"等"字。

关于有礼貌地请教、回应问题，好像算不上什么问题，但从现实来看却是大问题。现在一些家长与老师的矛盾冲突，是过去几千年所没有的；现在网络上的骂人之声、游戏里的垃圾语言可以说不堪入目，学生看得到，也已被他们带到班级里了。课程标准中加了这一条，说明这是语文课的一大任务。这一任务要想完成，也不是那么容易。课堂上能做到，一下课，一走进社会就立即打回原形，怎么办？这真是个大难题呀！

关于那个"等"字，具体指什么呢？答案只能请大家自己琢磨琢磨了。

"写话、习作、写作、口语交际"用"表达与交流"来统整，这一统整能否带来一场教学变革，这将是一个非常值得研究的大项目。

4. "梳理与探究"保留了原来"综合性学习"的内容，但增加了三个内容。原来的综合性学习并不提"梳理"。梳理什么呢？梳理字词是第一至第四学段都有的要求，其实这就是基础型学习任务群要做的事。另两个内容其实都与跨学科学习、如何探究有关。如何进行跨学科学习？将在我的另外一篇阅读思考中探讨。

（三）第三学段，四块内容，有哪些变化需要我们进一步思考

1. "识字与写字"中增加了"感受汉字的构字组词特点，体会汉字蕴含的智慧"。

我在前面第二学段"识字与写字"中讲了这一增加内容的价值。每一个汉字都是一幅画，都是了不起的创造，都藏着极其丰富的智慧，有人还说"每个字都是一首诗"。增加这一条对于老师的要求很高，要求我们老师要当仁不让地成为"汉字的贵族"。

2. "阅读与鉴赏"中增加了三个短语和句子："熟练地""尝试使用多种媒介阅读""阅读整本书，把握文本的主要内容，积极向同学推荐并说明理由"。

"熟练地"是针对"用普通话正确、流利、有感情地朗读课文"来说的，这一要求比以前的要求提高了。

"尝试使用多种媒介阅读"，这是时代发展到今天必须要有的阅读形式。怎么做？怎么尝试？这是一个课题。

关于第三学段"整本书阅读"要求，同样是两个方面：一是把握文本的主要内容，这一点比第二学段高；二是积极向同学推荐并说明理由。不知道课程标准制定者为什么把这一点作为整本书阅读要求提出。如果从"整本书阅读学习任务群"来看，接下来的教材，肯定是用一个单元来教整本书，这本书是必读书，那还要"积极向同学推荐并说明理由"吗？如果是课外阅读，可以有这一要求。第三学段的整本书阅读到底教什么？课程标准的这些要求肯定是不合适的，应根据大量的实验情况来修改。

3. "表达与交流"，只增加了"说清自己的观点"这一短语。读美

国等国家的语言艺术标准,发现这些国家重视的不仅是"说清自己的观点",最重要的是"写清自己的观点",这一点,也是我们多年缺失的。

4."梳理与探究",共4条,有4处是新内容。与第一、二学段的这一块要求一样,一是梳理文字,二是跨学科学习,三是专题的探究活动。

因为我是小学老师,第四学段"要求"的变化略去。当然,第一学段至第四学段四大块的要求没有一条与"学科育人、文化自信"有关,所以课程标准制定者在每一学段四大块要求的后面,又从"学科育人、文化自信"的角度提出了一个学段的整体要求,这样就把核心素养、总目标全部体现在要求之中了。

5月2日
星期日
关键词：任务群

# 别被"学习任务群"吓趴了

2017年，《普通高中语文课程标准（2017年版）》颁布实施。我没有上过高中，也不知道高中老师是怎么教语文的。2005年秋季，我的女儿开始读高中。高中三年，我看过她所有的语文教材。那时候的高中语文教材，有必修课、有选修课。女儿三年的语文教材一直很新，书中也没有什么记录，总觉得老师并没有按教材讲课，尤其《写作》那本书，我至今保留着，编得特别好。后来才知道，高考语文试卷几乎不考课本上的内容。我明白了，高中语文属于"考试型"语文、"多做题式"语文。《普通高中语文课程标准（2017年版》及《普通高中语文课程标准》（2017年版2020年修订）我都认真看了好几遍。在我国，把这两本高中语文课程标准看了的小学语文老师估计是不多的。

因为看了，所以知道了"18个学习任务群"，知道18个学习任务群的第一个任务群是"整本书阅读"。那高中老师又是如何按照学习任务群的方式教书的？我问过几位高中老师，他们的说法是，该咋教就咋教，一个题也不能少，分数是生命线，教不出来分数，就是瞎掰。话俗理不俗。就这样，我对高中的18个学习任务群如何落地也不再去寻找什么答案了。

其实，高中 18 个学习任务群也罢，九年义务教育 6 个任务群也罢，不就相当于我们 QQ 群、微信群吗？谁还没加入十个、数十个群？为什么建群？谁在建群？谁是群主？群里人在干什么？你觉得烦，为什么不退群？为什么把很多群设置成了消息免打扰？我认识的那几位高中语文老师，其实给 18 个学习任务群设置了"消息免打扰"。为什么这么做？因为高考试卷不可能按照教材里的 18 个学习任务群的内容来出题。这样的思维会不会波及小学语文？初中语文教学肯定会被波及，因为中考试题也不会按照 6 个学习任务群里的内容来命制。

如上话语是真实的述说，绝对不是反"学习任务群"，因为课程标准即使没有"学习任务群"，我们所有的语文课也都在"学习任务群里"。以教《小英雄雨来（节选）》（统编小学语文四年级下册第 19 课）为例。

1. 基础型学习任务群。任务一：认识 16 个字；任务二：认识了多音字；任务三：会写 15 个字；任务四：会写 13 个词语；任务五：课文中加拼音的生字有 49 个，必须让学生读好。即使没有这个新课程标准，这 5 个任务我也是必须完成的。所以，教学这一课，基础型学习任务群的工作我做了。

2. 发展型学习任务群。

（1）实用性阅读与交流。教《小英雄雨来（节选）》肯定要讲作者管桦。他是军人，他的这部长篇小说就是讲革命英雄故事的。小雨来这个人物是塑造的，但他有原型。1940 年，在日本兵日渐战败的时候，八路军组织了一场攻打河北玉田县城的战役，管桦在那场战役中遇到了一位给八路军带路的当地少年，大概十三四岁。大家都觉得很奇怪，问他："你们家大人为什么不来带路，让你来带路呢？"那个孩子乐呵呵地反问："难道我就不能带路吗？"这时战斗开始了，敌人打炮了，战士们都趴在战壕里，但那个孩子却好奇地站起身来，他想参观一下平生遇到的第一次战斗。然而，万分不幸的是，一颗子弹打进了孩子的太阳穴，这个曾经胆大、活泼、机智的少年，就这样死在了管桦的眼皮底下。这个孩子才十三四岁！管桦很心痛，所以他在小说里就非常舍不得让雨来死，书名就叫《雨来没有死》。于是乎就有了雨来与日本侵略者之间斗智斗勇，并最终战胜鬼子的故事。课堂上，这些内容，我补充给学生了。看"实用性阅读与交流任务群"第二学段第3条："学习具体、清楚、生动地讲述有关老一辈无产阶级革命家和革命英雄、劳动模范、科学家的事迹，以及反映中华传统美德的故事。"即使2011年版的语文课程标准没有这一规定，教学此课我也不可能不讲这一内容。

（2）文学阅读与创意表达。教学《小英雄雨来（节选）》，我还完成了以下几个任务。一是告诉学生这是从长篇小说中节选的；二是我与很多老师一样，要讲这篇文章中的环境描写，并通过众人物的外貌、动作、语言、心理等描写来讲小说不可缺少的细节描写；三是我还非常详细地讲述了小说中的对话及创造；四是我还引导学生用"一二三四五六"的方式尝试写一篇长文章；五是我让学生把文中所有的人物找到，节选课文里的人物可以分为四组：一组是亲人，二组是乡亲，三组是玩伴，四组是敌人，这些人物哪些是美好的，哪些是恶魔，学生学得清清楚楚，明明白白。如果你读了"文学阅读与创意表达任务群"第二学段的第1、3条，我所做的这几个任务，不就是这个任务群要做的吗？

（3）关于"思辨性阅读与表达"这一课，我没有设计任务。

3. 拓展型学习任务群。

（1）整本书阅读任务群。学《小英雄雨来（节选）》，我还让学生做了两件事：一是看《小英雄雨来》电影，二是看《小英雄雨来》这本书。统编小学语文教材将《小英雄雨来》这部书放在六年级，我对这种编排一直是反对的，我觉得这本书应该学了这篇课文后接着阅读。没有想到，新课程标准"整本书阅读任务群"第二学段的第1条要求是："阅读表现英雄模范事迹的图书，如《小英雄雨来》《雷锋的故事》等，讲述英雄模范的动人故事。"我的这一做法不是挺完美的吗？不是无形中把这个拓展型学习任务群该做的事做了吗？

（2）跨学科学习任务群。读完《小英雄雨来》后，搞一个故事会活动。故事会要涉及海报制作、邀请函、场景布置等，这不就是"跨学科学习任务群"第二学段第1条的任务要求吗？

我现在教《小英雄雨来》做了这么多任务，算不算已经做了任务群要求的任务呢？我认为是。我相信学习任务群的制定专家不会彻底否定我的这些做法，并将其排除在学习任务群之外。而这样教课文，难道不是核心素养所指吗？是的，一定是的！这样学，关键能力有没有？有！我们班学生个个写出了长篇文章，这就是表达能力的训练。一篇课文学习之后再阅读相关的一本书，这是非常必要的阅读力训练。有人说，你怎么没有关注语文要素，没有按照双线组元的思维教这一课？我一直对语文要素、双线组元的提法不赞成，没有想到新课程标准中也没有"语文要素"，教材编写建议上更没有"双线组元"。

什么是学习任务群？相信大家通过我的这一案例分析会明白一点了吧。至于一些专家学者的有关争论（很多专家反对这个词的），就让他们争论去吧！语文教什么？怎么教？教到什么程度？我是语文老师，本质的事，我清楚。

> 5月3日
> 星期一
> 关键词：教学评

# 学习任务群下的教材、教学评是什么样的？

**一、什么是"学习任务群"**

关于"学习任务群"的解释，不知道有多少篇文章了。我看得不多，数下来也就三四十篇，大多是专家、学者、名师对高中学习任务群的解读，可以说都是一家之言。我认为他们都在自圆其说，因为到现在也没有与我达成共识。而新课程标准也没有给这个词一个不需要再解读的解释。

对于一篇课文来说，如果继续宣传并坚持"一课一得"教法（世界上根本不存在的"一课一得"的课堂），与"学习任务群"就很有可能难以关联了。事实上，所有的课文如果按照"课文"的意思来教，就有好多任务要完成，这一个个任务放在一起，难道不是任务群吗？

对于一个单元来说，几篇精读课文、略读课文、口语交际、习作、语文园地等教学，不也是要完成一个又一个任务吗？把一个单元的所有任务放在一起，难道不是学习任务群吗？如果不是，这又是什么呢？

对于一册语文教材来说，七八个单元，一个单元作为一个大任务来认识，一册学完，完成了七八个大任务，这难道不是一册的学习任务群吗？

对于9年4个学段的学习，那么多的任务要一一完成，将这些任务组合在一起，难道不是学习任务群吗？

如果这都不算学习任务群，到底什么是学习任务群呢？难道一个单元只教一个课程标准中的一个任务群，那才叫学习任务群吗？

以上发问是凭借多年来我们所用的语文教材产生的。这样的发问可能有道理，也可能没有任何道理，因为我们还没有新教材。当我们手中有了新教材，有了教师教学用书，也许认识上会趋向一致。

《义务教育语文课程标准（2022年版）》的结构：一是课程性质，二是课程理念，三是课程目标，四是课程内容，五是学业质量，六是课程实施。"六大学习任务群"属于"课程内容"中的"内容组织与呈现方式"。它与"课程目标"结构相似，每个学习任务群都是按照学段来编写的。但"课程内容"和"课程目标"的关系也是相当清楚的。"课程目标"在"课程内容"之上，"课程内容"是"课程目标"的具体化，告诉我们做哪些事，也就是完成什么样的任务，才算真正地抵达目标。

什么是课程内容？说白了，就是语文教材要从这些方面编写，这些内容应是教材编写的一部分脚本！那教材会不会以"六大学习任务群"来组元呢？如果真是这样的，我们的语文教材及课堂教学的确要发生非常大的变化。到底会不会？答案应该是肯定的。为什么这么说？高中语文教材就是这样编写的，如果你能找到高中语文新教材，看看目录就清楚了。

那高中老师是如何按照18个学习任务群来教学的呢？没有听过高中语文课，我说不出来。但我知道学习任务群单元如何教学评，因为最近几年，我参加了"大单元新教学"教师教学用书、学生用书编写，知道小学、初中、高中各学科如何以"真实情境"来确立单元主题，然后设置3~4个任务（任务群的单元具体化），每个任务再设计2~3个活动。每个活动一结束都有过程性评价，最后活动做完、任务全部完成后还有一个非常综合的评价。如果你有2021年第7、8期及2022年第1、2期《语文教学通讯C刊》杂志，能够看到两本专辑，刊登了这个团队"学习任务群理念下的教学评一体课堂"研究成果。从目前所读到的"学习任务群"的资讯来看，它最像新课程标准理念下的学习任务群课堂教学的文献。

**二、"学习任务群"理念下的教材该怎么教**

学习任务群理念下的语文教材比当下的语文教材好教还是难教？按理说，新教材更利于学生核心素养养成，因为每个学习任务群都给了我们非常清楚的"教学提示"。而教师从这个教学提示中可以知道凭借教材该做怎。

第一步：找到"真实情境"确立主题，制定好大任务。这是教学提示的第一段所写，非常清晰。请记住，这是学习任务群单元，任务群告诉我们这个单元要有三个及以上的任务小群，否则就不叫"群"。（不要多，一般情况下三四个足够了）

第二步：任务靠什么来完成。答案是"学习活动"。这就是"教学提示"的第二段文字告诉我们的。比如"实用性阅读与交流"任务群"教学提示"第2条非常明确地说，学习活动可以以"朗读、复述、游戏、表演、讲故事、情景对话、现场报道等学生喜闻乐见的形式，将识字、写字、阅读、写作、口语交际、搜集处理信息等融为一体……"任务群下的每个任务要有几个活动呢？要根据教材来定，一般情况下每个任务要通过两三个活动来完成。

第三步：这次课程标准强调"教学评"一体，读"实用性阅读与交流"任务群"教学提示"第3条，不就是讲的"评"吗？这次评与以前不一样，要在真实生活情境下围绕实际任务进行评价。而这一评价再也不用传统的方式做那些"补充习题""练习与测试""A卷、B卷"了。

### 三、"学习任务群"实施案例

我反复阅读"六大学习任务群"，发现了每个任务群都是从"目标、主题、情境、任务、活动、教学评一体"讲述的，这六大关键词让我一下子找到了一把设计学习任务群的钥匙。下面，我以现有的统编小学语文一下第五单元为例来说一说学习任务群如何实施。

一下第五单元是"识字单元"，这一单元可以将其定义为"语言文字积累与梳理"学习任务群单元。这一单元的主题是"识字乐园"。这个单元真实的学习情境是什么呢？反复阅读教材这一单元，我拟订出的真实学习情境是：

身边的小动物、热闹的体育场、古对今的韵语、《三字经》……对于一年级学生来说，这一切真实、有趣而又充满了新鲜感。学生在"小虫子的歌""伸伸手，踢踢腿""快乐吟诵吧"的真实任务情境中能轻松自如、简单快捷地认识一组有"虫"字旁，与手、脚有关的字，含有"包"字等的形声字，并学习写好生字。学生在小展台上诵儿歌、与小虫子一起玩游戏中发现一个个小动物的名字中都有"虫"字，便能根据它们的特点读记一组四字词语；通过电话约请，同学们来到体育场上，数数同学们的运动项目，一起做着各种动作，发现并认识一组组奇妙的表示动作的字；通过对对子比赛、《三字经》美美诵读、看图读记歇后语等有趣的学习活动，识好字，习韵文，并初步感受祖国优秀传统文化的独特魅力。

根据这个真实情境，制定了三个任务：任务一，小虫子的歌；任务二，伸伸手，踢踢腿；任务三，快乐吟诵吧。每个任务需要通过做2～3个活动来完成。

任务一——两个活动：小展台诵儿歌、小虫子的游戏。主要通过《5 动物儿歌》的学习来完成。

任务二——三个活动：电话约请玩、数一数体育活动、奇妙的发现。主要通过《口语交际》（打电话）、《7 操场上》、《识字加油站》、《我的发现》、《字词句运用》的学习来完成。

任务三——三个活动：我来对对子、《三字经》美美读、看图读记歇后语。主要通过《6 古对今》《8 人之初》《日积月累》《和大人一起读》的学习来完成。

3个任务8个活动，每个活动都要从教、学、评的角度设计。比如任务一的第一活动，我是这样设计的。

基于儿童爱表现、乐分享的特质，创设展台，引导儿童在倾听故事、诵读和表演儿歌过程中认识六个小动物，学习"虫"字旁的字，并巧妙迁移到一类字中，发现汉字形声组合的奇妙，写好生字。

活动一　　　　　　**小展台诵儿歌**

1. 分享好听的故事。

（1）老师讲述故事。

**蚂蚁和蝈蝈**

夏天真热。一群蚂蚁在搬运粮食。他们有的背，有的拉，个个满头大汗。

　　几只蝈蝈看到了，都笑蚂蚁是傻瓜。他们躲到大树下乘凉，有的唱歌，有的睡觉，个个自由自在。

　　冬天到了，西北风呼呼地刮起来。蚂蚁藏在装满粮食的洞里过冬了。蝈蝈又冷又饿，再也神气不起来了。

　　(2) 提问交流。

　　①夏天，蚂蚁在做什么？蝈蝈又在做什么？

　　②冬天到了，蚂蚁和蝈蝈怎么样了？

　　③你想对蚂蚁说什么，又想对蝈蝈说什么？

　　2. 诵读儿歌，认识小动物。

　　(1) 借助拼音，学生尝试自读《动物儿歌》，教师范读。

　　重点关注"蜻蜓""蚯蚓""蜘蛛""迷藏""食粮"的读音。

　　(2) 找一找《动物儿歌》中都有哪些小动物，圈画出来。

　　蜻蜓　蝴蝶　蚯蚓　蚂蚁　蝌蚪　蜘蛛

　　(3) 发现小动物名字的规律：这些字都有虫字旁，都是左形右声的字。左边的虫字旁表示这些字都和虫类有关，右边的偏旁表示形声字的读音。

　　(4) 说一说认识的声旁，运用多种形式朗读词语，巩固虫字旁的生字：蜻蜓、蚂蚁、蜘蛛；借助图片或经验，说一说每一种小动物的样子。

　　(5) 适度拓展虫字旁的其他字：蝈蝈、蛐蛐、虾、蚕……

　　(6) 将小动物的名字送回儿歌里，反复诵读。

　　3. 小展台上的知识小竞赛。老师出几道选择题，请学生回答。

　　(1) 下面哪些动物长着翅膀？（　　）

　　蚂蚁（雌蚂蚁没有翅膀，雄蚂蚁有翅膀）　　蜻蜓　　蝴蝶

蜘蛛

（2）下面哪个动物是荡秋千高手？（　　）

蜘蛛　　蜻蜓　　蚯蚓　　蝌蚪

（3）下面哪个动物必须生活在水里？（　　）

蚯蚓　　蝌蚪　　蚂蚁　　蚂蚱

（4）下面的小动物中，（　　）没长腿。

蜻蜓　　蛇　　蚂蚱　　蝴蝶

（5）下面哪个动物是昆虫？（　　）

蛇　　蝴蝶　　蝙蝠　　蝌蚪　　蜘蛛　　蚯蚓

（6）下面哪个动物没有眼睛？（　　）

蚯蚓　　蚂蚁　　蜻蜓　　蝴蝶

4. 补充小故事。

### 蚯蚓为什么没有眼睛

我们喜欢吃的大虾，在很久很久以前，它们生活在陆地上，没有眼睛，而蚯蚓有，那时候虾的名字也不叫虾。

虾很羡慕它，就对蚯蚓说："蚯蚓大哥，我可以借你的眼睛用一下吗？我很想看看我生活的世界是什么样子的，用一天就还给你，行吗？"

蚯蚓犹豫再三，说："好吧，就借一天，明天一定要还我。"

虾高兴地说："好，一定还你。"

虾带上蚯蚓的眼睛，到处走到处看，世界真的太美了，太好了。

时间过得真快，一天很快就过去了。虾来到和蚯蚓约好的地方。此时虾已经迟到了一个小时。看到蚯蚓在焦急地等着，虾想：蚯蚓反正也看不见我，我不还它眼睛了，立即跳着走了。

几天后，陆地的动物们知道此事后，非常气愤！就让虾还回蚯蚓眼睛。虾根本不想还，动物们追着让它还，它一步一步地往后退，一下子栽入河里，吓得再也不敢到陆地上来了。

从此虾就有了"吓"的名字，而蚯蚓呢，也就没有了眼睛。

**【教学建议】**

本活动以读为主，以发现规律为学习策略。初读儿歌，强调读准生字词语，尤其关注因方言影响容易读错的字词；再读儿歌，发现小动物名字的秘密，熟悉"虫字旁"形声字的构字特点，学习识字；三读儿歌，拓展游戏，进一步强化小动物的名字和形象之间的联系，熟悉儿歌内容。如果有时间，可以拓展有趣的故事，帮助学生进一步了解小动物。

三个任务中所有的活动都有即时评价与反馈，完成之后还有单元练习与评测。（略）

新课程标准下的语文教材肯定会按照学习任务群来编写，双线组元及语文要素肯定要放弃了。在新教材出来前，选定一个单元，根据内容，看贴近哪一个学习任务群，不合理的内容自己改一改，然后从"目标、情境、主题、任务、活动、教学评一体"六个关键词出发，一项一项地做，就能完成一个大单元设计，然后走进课堂实验一下，新课标理念下的新课堂的那种新鲜感肯定会让你感到美美的，也能让你获得前所未有的收获。

> 5月4日
> 星期二
> 关键词：识、写字

# "识字与写字"与
# "语言文字积累与梳理"

新课标第一至第四学段"识字与写字"的"学段要求"与 2011 年版课标的"目标内容"相比，变化的地方如下。

第一学段：增加了三个字——"基本的"。即将原来的"能按笔顺规则用硬笔写字"改成"能按基本的笔顺规则用硬笔写字"。

第二学段：增加了"感受汉字的书写特点和形体美""能感知常用汉字形、音、义之间的联系，初步建立汉字与生活中的事物、行为的联系，初步感受汉字的文化内涵"。

第三学段：增加了"感受汉字的构字组词特点，体会汉字蕴含的智慧"。

第四学段：增加了"欣赏"，即把原来"临摹名家书法，体会书法的审美价值"改为"临摹、欣赏名家书法……"。

面对这些变化，虽不可做过度解读，但可以看出这些变化其实为语文老师提出了新的要求。

（1）把一个个汉字教活。

## "识字与写字"与"语言文字积累与梳理"

（2）把汉字的美教出来。

（3）把汉字与生活联系起来。（这是思维问题）

（4）把汉字中的文化教出来。

（5）把汉字中的智慧教出来。

（6）把汉字的独特构词功能教出来。

（7）把如何欣赏书法教出来。

（8）从汉字的识写角度让学生有文化自信。

当把这8条理出来后，反思这些年我们的识写字教学，这不就是多年来识写字教学严重缺失的吗？比如"武"这个字，多少学生总是加一"撇"。多年来，我们的做法就是订正、订正，反复订正。其实与我们没有从文化的角度、从汉字给予学生的智慧角度来讲这个字有关。这个字为什么不能加一"撇"？因为它是会意字，从止，从戈，也就是止戈为武，就是把戈收起来，挂起来，不再打仗了，才是武。这个字给予我们的是和平，是美好的和平愿望。这个字从甲骨文至小篆，都是把戈挂起来的。后来变成楷书，就是将"戈"的"横"变成"武"中的短横，把"戈"中的"撇"（其实是刀剑）拉成"武"中的长横，意思是把刀剑挂在墙上。有很多人加上"撇"，那就意味着刀剑没有挂起，战争正在继续。

课标这么一改，其实要求老师要从更专业的角度教好每个字。过去简单之教，不少字真的被教死了、教错了。把一个个字的文化、智慧教出来，直接决定着学生对文本的精准理解。

看四年级下册第23课《"诺曼底号"遇难记》的第33自然段。2021年以前教这篇课文的这一段，句子是"事情总是这样，哪里有可卑的利己主义，哪里也会有悲壮的舍己救人"。2022年起句子变成了"事情总是这样，哪里有可鄙的利己主义，哪里也会有悲壮的舍己救人。"这篇文章走进小学语文教材三四十年了，无数语文老师并不知道两个词之间的区别。

"可卑"的"卑"，字义是低下、低劣，形容一个人的行为是低劣的，一般不会与"可"组词，所以"可卑"是错误的词，词典、辞海、辞源中也查不到这个词语。也就是说不是什么字都能拼在一起的，不能拼就是不能拼。但词典中有"可鄙"这个词语，意思是令人鄙视。"利己主义"前面加上"可卑"是不对的，解释不通，加"可鄙"才是正确的、精准的，因为利己主义的确令人鄙视。其实译者张汉钧先生本来将其译为"卑下"，是教材编写者改来改去。查查词典，一定知道"卑下"这个词比"可鄙"更精准呢！

从以上两个简单的案例来看，接下来的识字教学，不以新的思维走进课堂肯定不行。

另外，再谈谈书法。新课标写得很明确，书法是语文老师的事。我国中小学生是从什么时候整体停止用毛笔写字的？20世纪七八十年代，小学有写大字课，我80年代末参加工作，小学就没有了写毛笔字课。2017年秋季，中小学每周有1节书法课，断了30多年，让多少语文老师根本没有能力教授书法。读《义务教育课程方案（2022年版）》中的那张课程表，好像没有看到"书法"课。有人说，书法课是在校本课程或综合实践活动中。

第1~4学段的"识字与写字"共有11（4+3+2+2）条要求。这些要求如果全部完成，对应的就是"语言文字积累与梳理"学习任务群。看6个学习任务群的6个"教学提示"，"语言文字积累与梳理"任务群共5点，文字是最多的，这是课程标准制定者在交代教材编者、一线老师要一条条落实。因为是基础型学习任务群，责任重大。基础不牢，地动山摇。

4个学段，概括一下共有13项内容。（每一条后面括号的文字是我

的概括，这样更好理解）

第一学段：

1. 认识人的身体与行为、天地四方、自然万物、家庭生活、学校生活、社会生活中的常用字；学习书写笔画简单的字，初步体会汉字结构的主要特点。（六个主题常用字学习，识写简单字，体会汉字特点）

2. 先认先写基本字，学部首检字法，发现汉字的一些规律，分类整理课内外认识的字；在生活中主动识字，发展独立识字能力。（从5个方面识字，目的是主动识字，发展独立识字能力）

3. 汉语拼音及音序查字法，学说普通话。（3项内容）

4. 诵读、记录课内外学到的成语、谚语、格言警句、儿歌、短小的古诗等。（感受中华优秀传统文化，养成自主积累的习惯）

第二学段：

5. 在真实的语境中独立识写字，梳理常用汉字形、音、义之间的联系。（独立识写字）

6. 关注校内外汉字、标点使用，整理交流，正字正音。（正字正音）

7. 诵读、积累成语、名言、古诗词、新鲜语句段，同义词、反义词，感受语言的表现力和创造力。（两大项：诵读、积累；同、反义词。发现、感受语言表现力和创造力）

第三学段：

8. 主动独立识字，丰富词语积累，注意感情色彩。（主动独立识字、词）

9. 调查校内外讲普通话、写规范字、正确使用标点符号情况，整理、分享自己的发现。（写调查报告）

10. 诵读优秀诗文，分主题梳理积累的语言材料，并尝试运用到日

常读写活动中。（积累优秀诗文，并尝试运用）

**第四学段：**

11. 发现、感受、表现语言文字的魅力，围绕汉字、书法、成语典故、对联、诗文等策划开展有关活动，加深对语言文字及文化内涵的理解。（文字魅力）

12. 梳理语言现象，欣赏语言表达技巧，探究语用规律；梳理字词，学习语法、修辞等。（语用，语法，修辞）

13. 丰富积累，整理、欣赏、交流、积极运用积累，提升中华文化修养。（积累）

基础型学习任务群第一学段肯定对应汉语拼音单元、多个识字单元。但第二至四学段的这个任务群很难看出来有独立的"语言文字积累与梳理"单元，肯定会分至其他学习任务群单元，甚至放在当下统编小学语文教材"语文园地"中。

"语言文字积累与梳理"任务群到底怎么教呢？如果能以"新识字教学"来研究，肯定会有很多精彩案例出来。

5月5日
星期三
关键词：实施

# "实用性阅读与交流"任务群的实施

把6个学习任务群的所有内容研读下来，"实用性阅读与交流"任务群涉及的内容最多，以这些内容看当下小学语文教材，很多内容可以归为这个任务群，也就是说，即使没有新教材，旧教材的很多单元也可以以"学习任务群"的理念来教授。比如，一年级上册起始单元就属于实用性阅读与交流任务群。这一单元整体教学设想如下。

## 一、起始单元的教学设想

（一）单元教学要求

1. 知道中国是我们的祖国，认识中国地图，初步感知国家、民族的概念，感受作为中国人的自豪。

2. 体验上学的快乐，感受小学生活的特点，熟悉校园环境，初步树立小学生的角色意识。

3. 认识老师、同学，感受师生间的友好。能尝试用普通话清楚、响亮地介绍自己，学习认真倾听别人说话。

4. 了解语文学习的基本内容和意义，有主动识字、写字、阅读、交流的愿望，感受语文学习的快乐。

## （二）真实学习情境

把学生带入"上学""校园""图书馆"等真实生活场景构建的语文学习情境中，通过玩、唱、做游戏，在儿歌中知道自己是中国人，是中国小学生；通过在校园里寻宝，在图书馆里上课，讲自己知道的、创造的故事，感知"读书、写字、讲故事、听故事"的语文生活。让学生在玩中知道自己的"身份"，喜欢语文学习生活。

## （三）主题

这一单元的主题定为"上学真快乐"。

## （四）任务与内容及任务分解

**任务一：我是小学生**

1. 知道中国是我们的祖国，初步了解我国是个多民族的国家，看图明白"我们是祖国的花朵，我们生活在花的海洋中"。

2. 认识北京天安门、五星红旗。

3. 通过唱《上学歌》，体验自己是一名真正的小学生。

**任务二：我爱学语文**

1. 走进图书馆（图书室、阅览室），体验读书生活，感受什么样的读书姿势是最美的。

2. 知道爱语文必须要爱写字，并明白什么样的写字姿势是最美的。

3. 通过读讲故事明白学习语文离不开读故事、听故事。

"实用性阅读与交流"任务群的实施 | 89

```
起始单元 —— 上学真快乐 ┬── 任务一  我是小学生 ┬── 活动一  看插图,听故事
                                          ├── 活动二  做游戏,记名字
                                          └── 活动三  学唱《上学歌》
                   └── 任务二  我爱学语文 ┬── 活动一  校园寻宝,手绘校园示意图
                                          ├── 活动二  在图书馆里读、讲、听
                                          └── 活动三  一起讲故事
```

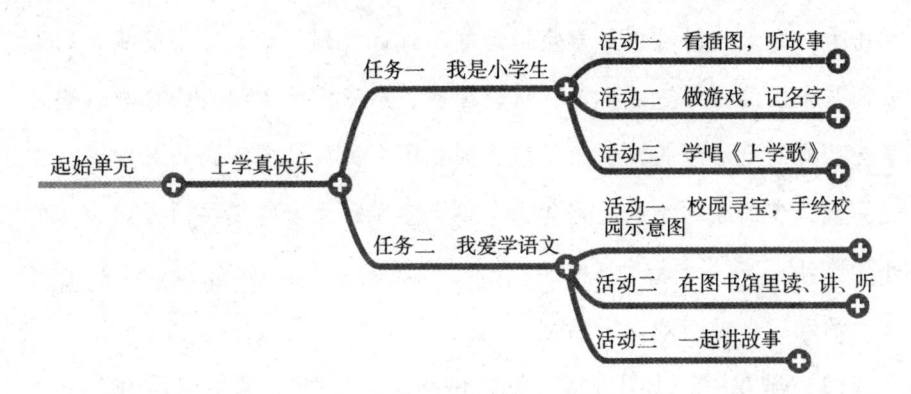

（五）教学活动

1. 任务一：我是小学生。"我是小学生"不仅开启了本单元的学习，也开启了整个小学的生活。根据新入学一年级儿童的特点，运用儿童已有的、喜欢的学习方式，在真实的生活、学习情境中认识到自己是中国人，自己是一名小学生。知道作为小学生首先要做到上学不迟到，要爱学习，爱劳动。

**活动一：看插图，听故事**

（1）听一听。教师讲述"全国的小朋友都上学啦"的故事，学生看插图，整体认识各民族的小朋友。同时认识插图上的天安门城楼和五星红旗，知道这些代表着中华人民共和国，是祖国的象征。

（2）认一认。出示中国地图，教师介绍56个民族，学生发现每个民族的服饰都不一样。引导学生根据已有经验认一认自己了解的民族，利用地图粗略指出"我们在这里"。

（3）唱一唱。听儿童歌曲《我们的祖国是花园》《各民族小朋友手拉手》，跟着一起唱。

**【教学建议】**

教材以蝴蝶页开篇，整幅画面以雄伟的天安门城楼、鲜艳的五星红旗为背景，展现了各民族小朋友欢快地团聚在一起的情景，具有较强的

冲击力。在教学时可引导学生借助插图说说看到了什么。了解雄伟的天安门是中国的重要建筑标志，认识国旗，感受作为中国人的自豪。通过学生已有的生活经验，初步了解我国是个多民族的国家，同时知道，在这一天，各民族的小朋友都背上书包上学了，大家将要共同开始快乐的小学生活。

**活动二：做游戏，记名字**

（1）游戏一。小组围成一圈，两个同学一组做叠罗汉游戏。一个说"我叫×××"，另一个说"我叫×××"；一个说"我会×××"，另一个说"我会×××"。然后小组内换人，再做相同的游戏，认识更多的同学。

（2）游戏二。做一个自己的姓名卡放在课桌前。建议学生找一张自己的照片贴在上面，并请爸爸妈妈或教师帮助写上名字。如果学生已经会写自己的名字，也可以选择自己喜欢的颜色的笔来写。

**【教学建议】**

老师可先介绍班级的总人数以及男、女生的人数。呈现课程表，让学生大致知道小学的课程。通过游戏的形式，先让学生在小组内认识同伴，感受同学之间的友爱，再将范围扩大，从自己所在的小组到其他小组，了解同伴以及他们的特长，并通过做姓名卡，勇敢地向大家推介自己。在平时的学习生活中，每位学生桌前的姓名卡也能让师生互相迅速地熟悉起来，增强班级的凝聚力和学生之间的融洽感。

**活动三：学唱《上学歌》**

（1）学唱《上学歌》。教师放《上学歌》的录音，和学生一起边唱边做动作，感受上学的乐趣。

（2）交流上学故事。师生一起交流有趣的上学故事，可以是书上看来的、从外面听来的，也可以是自己上学第一天经历的好玩的事。

【教学建议】

通过范读、引读，让学生听读、跟读，多种形式朗读儿歌，听《上学歌》录音，并由老师带领学生们边做动作边唱，感受儿歌的韵律，体会上学的乐趣。然后按顺序观察课本插图，说说从图上看到小朋友们在干什么，自己第一天上学是什么样的，发生了什么好玩的事。还可以推荐关于上学的故事，如《大卫上学去》《小魔怪要上学》等，了解学校对一名小学生的基本要求，充分感受上学的乐趣。

2. 任务二：我爱学语文。在"我爱学语文"板块中，教材用"读书、写字、讲故事、听故事"及三幅图让小学生对学语文有初步的感受。老师可带学生走出教室，在校园里"寻宝"，绘制示意图，认识校园。现在大多数小学都有图书馆（图书室、阅览室），在图书馆上这一课，可以让学生直接在书的海洋里开展"谈书、讲书、听故事"活动，在真实的场景中爱上语文。

活动一：校园寻宝，手绘校园示意图

（1）边走边说。老师带着学生走出班级，开始"校园寻宝"活动。一是在走路中认识校园（如教室、图书馆、厕所等）里的标牌，二是说路两边的花草树木（如果学校有草坪，也可以走一会儿，选择一处坐下来，让同学们望望四周，说说自己认识到的校园中的"宝"），三是看学校墙上的字，看看学生已经认识了哪些字、哪些图、哪些实物。

（2）边忆边说。回到教室，回忆走过的路、看到的东西，让学生说一说自己的收获。

（3）画一画。老师提供学校的简单框架示意图，并为学生提供一些带有汉字的区域模块简笔画，比如"操场""教室""厕所""图书馆""花园"……学生可以把这些区域模块根据参观时的记忆摆放或者画在框架图内（有网络和终端条件的可以用"拖拉"的方式）。完成后，同桌先互相介绍，然后全班交流分享。学生在这一活动中既熟悉了校园环境和功能区，又认识了标牌上的文字。

**【教学建议】**

任何一个校园里都可以找到"语文"。老师要以开放的心态让学生先说，让每个学生尽可能地说，在说的过程中再引导他们去发现。每一所学校都是有故事的，老师也可以补充校园里的故事，引导学生爱上校园。故事一定要好玩，适合刚刚入学的孩子。

**活动二：在图书馆（图书室、阅览室）里读、讲、听**

（1）说一说。老师带学生去学校图书馆（图书室、阅览室）走一走，让学生说一说图书馆的样子。

（2）看一看。带学生走进学校图书馆，向他们介绍这里有很多书。老师或图书馆管理员让学生们轻轻取下一本书并告诉他们："这些都是写书的人留给我们的珍贵礼物，需要我们一页一页地仔细看，书的作者才会非常高兴。"然后从书名、封面、目录、内容、封底几个方面介绍书，让他们认识图书。

（3）读一读。老师从书架上取下一本故事书，直接读其中的一个故事，要求学生们静静地听故事。读完后告诉学生：书中有很多故事，接下来我们要回到教室，认识很多很多字，这样你们就可以自己来借图书馆的书读了，就会知道更多的故事。以后遇到困难，书中的知识会帮助你们解决困难。

（4）写本"书"玩。老师告诉学生："这个图书馆里的书都不是你们写的。想不想把自己写的书放在图书馆的书架上？其实你们每个人都可以写书。"接着老师就让学生写人生中的第一本"书"："我们可以以'我的一家'这个书名来写第一本书哟。"老师通过QQ、微信等方式鼓励父母与孩子共同写第一本"书"。每人找出一两张照片,爸爸妈妈面对着孩子说照片的故事,在照片的下面写上最想说的一句话。然后,设计一个封面,写上:"我的一家""我和爸爸妈妈编著",最后装订一下,就是学生写的第一本"书"。可以请学生把"书"带到班级里来展览。

**【教学建议】**

将一年级刚刚入学的学生领进图书馆,在图书馆里进行阅读启蒙,让他们尽早理解"我们爱学语文",不失为一种创新的尝试。所以教学此课,老师要做好准备,一是提前到图书馆里,看看哪一本书中的故事适合学生。另外,关于第一本"书"的写作,一定要提前与家长沟通。对于留守孩子怎么办?老师们还要另外想办法。比如,老师带着他们写"我的班级"这本"书",老师拍几张照片,然后和他们一起写。当然也可以让他们回家找家人的照片,帮助他们写"我的一家"。

**活动三:一起讲故事**

故事大会。讲故事、听故事是学生特别喜欢的活动,也是他们爱上学语文的重要路径。可以讲讲听来的故事,可以讲讲自己的故事,还可以讲讲教材中的故事。

**【教学建议】**

儿童特别喜欢听故事,也特别能讲故事、创造故事。可以开个故事会,鼓励学生大胆上台,展示自己听到的故事。学生是天生的创造者,新入学的孩子已经七岁了,过去的七年中他们肯定创造过很多故事,让他们讲自己创造的故事一定能滔滔不绝。老师作为故事会的主持人要提前布置任务,请家长帮孩子选择故事,故事尽可能不重复。

(六)评价

1. 识字与写字。(可在线测评)

（1）同学名字。（认识5个达标，10个良好，15个优秀）

（2）学校标牌。（认识5个达标，10个良好，15个优秀）

（3）《上学歌》。（会读达标，会唱良好，会边唱边表演优秀）

2. 表达与交流。（可在线测评）

（1）能用普通话清楚、响亮地介绍自己。

（2）能倾听别人说话，并用普通话清楚、响亮地说出同桌、前后位、同组学生的姓名。

3. 梳理与探究。（可在线测评）

（1）能认识中国地图，指出首都北京。能够说出自己是哪个民族，并能利用APP介绍出1~2个民族。

（2）能说出自己知道或读过的2本书的书名。

4. 练习设计案例。

（1）我们的国旗有五颗星。我是（　　）。

①中国人　　②外国人

（2）今年的9月1日，我是（　　）了！

①幼儿园的小朋友　　②小学生

（3）下面的读书姿势你喜欢吗？先说一说，然后做一做。

（4）下面的写字姿势哪些是不正确的？指一指，说一说。

5. 单元测评案例。

（1）说一说。

①我就读的小学叫（　　）小学。

②我的同桌叫（　　），前面的同学叫（　　），后面的同学叫（　　），我还认识（　　）。

(2) 回家问一问。

我爸爸是（　　）族的，我妈妈是（　　）族的。

(3) 你在图书馆里看到了哪些书？我已经读过（　　）本书了。

(4)《我的一家》这本书完成了吗？看到这本书，你想说些什么？

## 二、书信内容教学的设想

再比如"书信"的教学，也属于"应用性阅读与交流"任务群。现在统编小学语文教材在书信编排上并没有独立的单元，2024年秋季前使用的12册语文教材将"信"分在4个年级的5个单元里。

一是二年级上册第三单元的《6 一封信》。本单元还有三篇精读课文：《4 曹冲称象》《5 玲玲的画》《7 妈妈睡了》，"口语交际"，"语文园地三"（识字加油站：通过朗读动宾结构的三字词语认识11个生字；字词句运用：四组同音字及用"一边……一边……"说一句话；写话：写自己喜爱的玩具；展示台：12个词语及一句名言；日积月累：《小儿垂钓》；我爱阅读：《王二小》)。

二是四年级上册第七单元"习作"（写信）。本单元还有：两篇精读课文《21 古诗三首》《22 为中华之崛起而读书》，两篇略读课文《23 梅兰芳蓄须》《24 延安，我把你追寻》，"语文园地"（交流平台：把握文章主要内容的三个方法；词句段运用：学习8个形容正面人物的成语，反问句训练；日积月累：《别董大》)。

三是五年级上册第六单元"习作"（我想对您说）。本单元还有：两篇精读课文《18 慈母情深》《19 父爱之舟》，一篇略读课文《20 "精彩极了"和"糟糕透了"》,"口语交际"(父母之爱),"语文园地"(交流平台:如何体会作者表达的思想感情;词句段运用:学习三篇课文结尾的特点,场景描写在文中的作用,以"成长中的第一次"写一段话;日积月累:四句"勤俭"主题的名人名言)。

四是六年级下册第四单元《综合性学习:奋斗的历程》"写一写自己的心愿"中,要求学生"写之前想一想,选择什么材料能够更好地表达你的心愿。再根据想表达的内容,选择一种适合的方式来写,如记叙故事、写信,或者写日记、创作诗歌……"。

五是六年级下册第六单元。这是六年级下册第二个综合性学习单元,主题是"难忘小学生活"。活动一是"回忆往事"。(三个小活动:填写时间轴,分享难忘回忆,制作成长纪念册;三篇阅读材料《老师领进门》《作文上的红圈圈》《如何制作成长纪念册》)。活动二是"依依惜别"。(三个活动:一是举办毕业联欢会,二是给老师或同学或母校或自己写一封信;四篇阅读材料:《我为少男少女们歌唱》《聪明在于学习,天才在于积累——华罗庚1956年在北京大学的演讲》《给家乡孩子的信》《毕业赠言》)。[注:这篇文章发表后,教材将原来《给老师的一封信》改成了《给家乡孩子的信》]

新教材会不会专门编写一个关于"信"的单元?期待有这样的单元。按照现在的单元编写思维来看,最起码有两三篇名家之信(这方面的信很多),最好能介绍几本书信方面的名著(这方面的著作很多),然后教学生如何写信。下面就现有的教材整体解读一下,看看对建构一个"信"的学习任务群单元能否有点帮助。

(一)《一封信》的解读及对"先写后教"的贡献

二年级老师教《一封信》,无外乎带着大家多读几遍课文,把该认识的字认识了（17个生字，"朝、重、结"3个多音字），把要求会写的字一遍遍地写了（10个生字），还有9个词语会默写了。接着就是通过朗读课文想一想"露西在给爸爸的后一封信里都写了什么"。画出相关语句，试着把这封信读出来。最后再思考"露西前后写的两封信，你更喜欢哪一封，并说出原因"。课文这样教完，再按照学校规定完成相关作业，期末测试前重点复习字词（现在第一学段没有纸质考试了），随着假期的到来，这篇课文的学习也就全部结束了。这样教，不是错误，教材编写者也希望一线老师这样教。但不得不说，如此教法，会让这篇课文失去很多光彩，因为文中藏着好多能让学生恍然大悟并迅速得以改变的智慧，老师不教，这些智慧学生永远不会领悟到，当然许多老师也不知道。《一封信》是德国作家吉娜·卢克-帕奎特的作品，这篇文章，有五大智慧点是老师应该知道的：

一是孩子天生会写信。爸爸出国半年才能回来。一天，露西想爸爸了，决定给爸爸写封信。因为妈妈在上班，没有人教她，她居然就写了起来。这就是"人天生会写信"的见证。

二是写信应该写真心话。没有人教，露西所写的信都是真心话，都是真事。

三是没有人教的"写"只是"会写"，很难"写得非常好"，写出来的东西肯定有问题。（露西写着写着也知道自己写的东西有问题）

四是大人（老师）的"教"能让学生从"会写"变成"写得好，甚至写得非常好"。

五是一件事有多种写法，哪一种"写"能让读者心情好、满意？这是需要动脑子思考的。要选择最恰当的方法来表达，要心中有读者。

其实，这篇课文还向我们语文老师传达了一种非常有价值的写作教学理念——"先写后教"，这篇文章也是"先写后教"的经典案例。

学生自主写信遇到了问题，母亲帮助解决难题，形成了佳作。有的老师会说，如果老师在学校里教了，教露西怎么写信，她写得不会差的。不得不说，大人所教之前，是无法把孩子写作中存在的问题一一想到。露西先写的信暴露出来的问题她的妈妈都能想到吗？相信老师读课文，就会发现露西写信中出现的诸多问题，妈妈不可能全部想到。

我们为什么要在学生写之前教？答案就是老师不相信学生天生会写，他们认为写作任务布置给学生，不指导他们是不会动笔的。大人布置写作任务，指导中肯定会说，这个要写，那个要写，这个要重点写，那个要略写，等等，这些怎能不限制学生呢？学生接到任务，肯定有人愿意做，有人不愿意做，有人愿意还是不愿意做都说不明白，所以在这样的情境下他们所写的东西自然会分为这三大类。老师拿到学生的文章一读就会明白，老师的诸多要求很多学生并未将其体现在文中，相反还出现了老师们意想不到的很多问题。由于还有新的教学任务，老师也没有时间再多加指导了。而学生拿到老师批改的作文，也只是看看分数或等级，老师即使写了评语，告诉他们该怎么修改，这些字眼也根本入不了学生的眼。这就是长期以来中小学语文老师广泛使用的"先教后写再教"教学模式，此模式让学生一次又一次地被夹在老师中间，动弹不得。这样的写作教学最终的结果，就是90%以上的学生不喜欢写作［潘新和教授的《语文：表现与存在》（福建人民出版社2017年12月出版）中有这个调查数据］，因为老师的"前教"针对性不强，"后教"又没有时间，效果当然不好。这样的作文教学，学生始终也看不到自己的作文到底有哪些进步。

这篇课文能否作为信的单元课文？可以！从信的内容角度指导学生如何表达更贴切，让收信人在情感上不焦躁。

（二）"信"的教材，整体还需要变革

这不是质疑教材，而是为了让学生能够真正爱上写信。我研究这5

个单元及整套统编语文教材,六年的学习,学生其实对"信"还是缺少综合认知,用模模糊糊来概括不为过。什么是信?为什么要写信?信有多少种类?古代的信是怎么写的?今天的短信、微信,算不算信?信,为什么要有固定的格式?信的格式能否有变通,如果允许变通,哪些可以变,哪些不可以变?哪个格式必须有,哪个格式可以有也可以没有?练习写信对其他文体写作会有哪些帮助呢?信与日记有什么区别呢?要想写好信,同学们可以读哪些书呢?中外学生在写信上有什么不同呢?许多国家在教材中明确规定,中小学生要有给名人名家写信的经历,我们可不可以也这样要求学生呢?……这些问题,教材都没有涉及。读《义务教育语文课程标准(2022年版)》,知道第二学段的"表达与交流"中要求学生"能写简短的书信"。"信"属于"实用性阅读与交流"学习任务群,也是第二学段的课程内容。新课程标准对"信"的要求不高,如果结合一个人生活的真实情境,从"阅读与鉴赏,表达与交流,梳理与探究,实用性阅读与交流,整本书阅读,跨学科学习"角度思考"信",你会觉得给小学生提供一套完整的"信"之课程,是非常必要的,也是相当重要的。

阅读多个国家的母语教材,发现有不少国家是从二年级开始引导学生写信的。我们把《一封信》放在二年级,却把写作放在四年级,比人家晚了两年。既然二年级我们让学生学了《一封信》,为什么这一单元的写话不让学生也来一次"短信"训练呢?

统编教材现有292篇课文,没有一篇是完整的名家书信。古人云:"取法乎上,得乎其中;取法乎中,得乎其下。"教材里如果有"名家书信"主题单元,学生阅读几篇高水平的信件,学生们所写的信是不是很容易达到"中"的水平?我国大多数中小学生不喜欢写信,是否与这一教材缺失有关呢?新教材会不会以"信"为主题编创这样的单元呢？这是我们的期盼。

　　看四个年级五个单元的教材，教材四上第七单元习作里的那封信的内容是不是过于简单了？其内容绝对不如二年级《一封信》的内容。而这个单元的 4 篇课文与信也不相关。我教这一单元，就觉得教材如果能选编一篇或几篇名家书信就好了。名家之信有没有？有，太多了！比如《傅雷家书》中的信，《梁启超家书》中的信等。有人会说，这次重在讲格式。但不得不说，由于这是第一次写信，给学生提供的内容又不是名家之作（小杰给叔叔的信，真的没有办法评价），导致学生所写的信假情假意特别多，而尽管老师反复强调格式，但学生的作品中仍然错误不断。为什么？因为教材没有告诉学生信为什么要有这样的格式，而且很多老师也不知道，因为教师教学用书上也没有说清楚。看五上第六单元，3 篇文章都不是信。著名作家林良著有一本书《爸爸的 16 封信》，有的信完全可以选入教材。六下第六单元原来的《给老师的一封信》也不是名家之作，2022 年 12 月，在我的呼吁下，替换为巴金的《给家乡孩子的信》。如果把四上的写信写作与六下的这封信放在一起比较，你会发现六下原来的《给老师的一封信》一是没有称呼语，二是祝福语后面没有标点符号。2022 年 12 月出版的六下语文教材中的《给家乡孩子的信》，一是没有称呼，二是署名和时间写成了一行（巴金 五月十五日），2023 年 12 月改为两行（五月十五日另起一行）。

　　另外，如何将单元课文的学习与写信有机联系起来呢？课文后面不妨有这样的训练题。比如五上 3 篇课文《18 慈母情深》《19 父爱之舟》《20 "精彩极了" 和 "糟糕透了"》分别是梁晓声、吴冠中、巴德·舒尔伯格的作品，他们都是名家。在《亲爱的汉修先生》（这本书获得 1984 年纽伯瑞儿童金奖，作者贝芙莉·克莱瑞）中主人公鲍雷伊的老师在二年级的时候要求每位学生必须给自己喜欢的作家写一封信，我们能不能学习这一做法,让学生给喜欢的作家写信呢?另外,这3篇文章其实都是作家在赞美父母,从某种角度上说,这也是作家给父母的"信"(《亲爱的汉修先生》这本书有"所有的文章都是信"的观点)。如果将3篇文章改成给父母的信,怎么改?是否可以让学生"玩玩"这样的写作?替梁晓声把《慈母情深》改成给母亲写的信,替吴冠中把《父爱之舟》改成给父亲的信,替巴德·舒尔伯格把《"精彩极了"和"糟糕透了"》改成给父母的信。如果让学生"玩"了这样的信,再写后面的习作,我认为简单的书信写作任务才算完成。

(三)四年级及以上课文的教学,不妨让"信"加入

当下不少课文后面有小练笔,这些小练笔能帮助学生写好一篇篇作文吗?一些专家认为是可以的。如果你阅读过美国作家创意写作课程(中国人民大学出版社已经翻译出版了40余本),一定会发现,当下教材中的那些小练笔是没有多少价值的。一篇课文的学习,什么样的写作最能改变学生,让学生喜欢写呢?不妨看看日本在这方面是怎么做的。只要你阅读过日本小学写作教学文献,一定会发现他们从四年级开始,每篇课文(一年三个学期,每个学期学4~6篇课文)学完都要求学生写两封信,一封是写给课文中人物的,一封是模仿这个人收到信之后回复的一封信。不要小看这两封信,这一做法,既能看出学生理解课文达到何种程度,又能让学生爱上写作。第一封信,因为有课文这个素材,写起来不难。第二封信是回信,要站在喜欢的那个人物的角度来回信。这个人物水平很高,回的信当然要高于第一封信,这不是一件很容易的事。多次实验证明,学生都愿意扮演这位高水平的人。两封信的书写居然让学生的思维有了高度,真是意想不到。一易一难,一低一高,有了多次有针对性的训练,学生怎么可能会讨厌写作?

我们可不可以从四年级开始，每学期拿出几篇课文，让学生玩玩这样的写作？我曾用"两封信"的教学理念教《为中华之崛起而读书》，请看一学生的两封信。

敬爱的周恩来爷爷：

您好！

今天，我们学了《为中华之崛起而读书》。不知道您还记不记得，"为中华之崛起而读书"是您十二岁时说过的一句话。那时候的您才十二岁，比现在的我大一岁，您就能说出这样的话，真是太了不起了！说这句话之前，您居然还想过"怎么把祖国和人民从苦难和屈辱中拯救出来呢？"这么大的问题，并且觉得这个问题就像一团烈火一直燃烧在您的心中。

我在有关您的资料中知道，您是一位伟大的马克思主义者，还加入了巴黎共产主义小组，确立了共产主义的信仰，成了中国共产党创建人之一。在北伐革命军临近上海的情况下，您领导上海工人武装起义，赶走了他们……

您做过这么多的事情，简直是我们江苏人的骄傲，是我们中国人的骄傲！您逝世了，全世界有亿万人在悼念您，人们称您为"人民的好总理"。现在的我们应该努力学习，将来为祖国做出贡献。现在的中国也如您所愿！正如您所说的："下山不忘山，进城不忘乡。"我们永远不会忘记您的。

祝您

在另一个世界里美好！

蔡允汐

2021年12月6日

那蔡允汐是如何以周总理的口吻给自己回信的呢？她是这样回的。

亲爱的小朋友蔡允汐：

你好！

我收到你的来信了，我记得我曾经说过的那句话。当时的情景我终身难忘，谢谢小朋友对爷爷的肯定！

看来我还是挺出名的，语文书里都有关于我的课文了。看到你信上的日期，今年应该是我们中国共产党建党100周年了，现在的祖国肯定发展得非常好。时间过得真快，我清楚地记得1920年1月，我在天津领导学生爱国运动时被捕入狱。在狱中，我和被捕的学生顽强抗争，并在狱中宣讲马克思主义，真的记忆犹新。现在想起来，这是多么有意义的事啊！

希望现在的你一定要加紧学习，为祖国的富强多多做出自己的贡献！

祝你

学习进步，身体健康！

你们的周爷爷
2021年12月7日

我班50位同学，都写了这两封信。但不得不说，第二封回信，同学们都觉得特别难，不知道什么样的回复才是"总理级"的水平。我建议他们用两个星期的时间，一有空就看有关周总理的电影、电视剧及相关书籍，然后再写回信。同学们真的做了，两个星期后，他们交来的两封信，老师们读后都佩服不已。

（四）用大单元"先写后教"变序教学法教"信"之单元

真正关于"信"的单元就是四、五年级那两个单元。老师怎么教这两个单元？

一是不需要老师任何指导，让学生写起来。哪怕是四年级第一次写信，也相信他们看了教材后都能够写起来。这种写，就是让他们把问题全部暴露出来。接下来，就用课文的学习来修改他们习作中的问题。

二是按照精读课文、略读课文的编写意图，完成相关任务（字词的学习，课文的朗读。课文后面的习题，除小练笔不写外，其他要在课堂中完成。完成其他规定的作业）。

三是把写"信型日记"作业用在每篇课文里。一篇课文第一课时教完后，就布置学生写"信型日记"，课文学完，信也写完。统编教材的三、四年级都有写日记的习作，让学生给课文中的人物写信，"信型日记"所用时间也就20分钟左右。

比如《古诗三首》（《出塞》《凉州词》《夏日绝句》），其实可以把语文园地中的"日积月累"（《别董大》）加进来，变成《古诗四首》来教。这四首诗，学生除了可以给诗人写信，也可以给诗中的人物写信。比如《夏日绝句》，许多同学想给李清照写封信，因为这位女子值得用信来赞美。我班有不少同学，学了四首诗写了四封信呢！

《为中华之崛起而读书》里面的人物有好多，除了给周总理写信外，还可以给周总理的那些同学写信，也可以给文中的老师、中国警察、外国人写信。

《梅兰芳蓄须》《延安，我把你追寻》虽然是略读课文，同学们照样可以给梅兰芳、日本侵略者等写信，给"延安"写信！

一课一信，这个单元学完，学生就完成了5~8封信。接下来，我还给学生补充讲什么是信，人为什么要写信，世界多个国家的小学生是怎么写信的，世界著名的科学家、数学家等是怎么给学生回信的。这其实也是跨学科学习。把这些故事讲给学生，能激发他们写信的兴趣。故事讲完，再谈信的格式，让学生用标准的格式看自己写的信，修改之中清楚自己的问题。当然，还有一件大事需要做，那就是利用三四个星期，大声地把《亲爱的汉修先生》读给学生听。这本书听完，还会有哪位学生说自己讨厌写信？

5月6日
星期四
关键词：变序教学

# 以大单元变序教学让"文学阅读与创意表达"任务群落地

"文学阅读与创意表达"学习任务群旨在引导学生在语文实践活动中通过整体感知、联想想象，感受文学语言和形象的独特魅力，获得个性化的审美体验；了解文学作品的基本特点，欣赏和评价语言文字作品，提高审美品位；观察、感受自然与社会，表达自己独特的体验与思考，尝试创作文学作品。

读新课标，写这篇文章时，我正在教统编版小学语文教材四年级下册第八单元。该单元内容经过修改完全可作为"文学阅读与创意表达"学习任务群来实验。

第二学段的"文学阅读与创意表达学习任务群"有哪些规定呢？其中第3条规定是："阅读富有想象力和表现力的儿童文学作品，欣赏富有童趣的语言与形象，感受纯真美好的童心，学习用口头或者图文结合的方式创编儿童诗和有趣的故事，发展想象力。"

## 一、现有教材缺少的六大内容

四年级下册第八单元教材内容是：《26 宝葫芦的秘密（节选）》《27 巨人的花园》《28﹡海的女儿》《习作：故事新编》"语文园地"。

阅读"文学阅读与创意表达学习任务群"的"教学提示"，知道这一教材缺少以下六个内容：

1. 缺少单元真实学习情境。

2. 没有明确的单元主题。教材是用"奇妙的童话，点燃缤纷的焰火，照亮我们五彩的梦"来表述的。这一单元的主题在哪里呢？在教师教学用书中主题名称是"中外经典童话"。

3. 有语文要素，没有单元任务。语文要素有二：一是感受童话的奇妙，体会人物真善美的形象；二是按自己的想法新编故事。这两条一直被认为是单元教学目标。任务的表述需要学生一看就明白，一读就记住，所以只能用几个字来表达。如果看导语页，还是无法制定本单元非常明确的任务。

4. 缺少让全体学生读整本书的要求。"整本书阅读学习任务群"是独立的学习任务群，也是独立的单元。但从"学业质量""课程实施"中读到，每个任务群都要有"读书"的任务。把这一单元所有的文字读完，课文只有一个"选做"题，感兴趣的同学读《宝葫芦的秘密（节选）》，《海的女儿》也要求感兴趣的同学读。这三篇课文都是这三本书的开头部分，语文的学习，不能只学个头就结束了呀！"感兴趣的同学读"意味着绝大多数学生不读，因为大家会说："我不感兴趣！"

5. 学三篇童话课文，最合适的"表达与交流"应该围绕童话习作来设计，但《故事新编》是用熟悉的寓言故事来新编故事。这就是教童话写寓言，教寓言又写其他，这样没有联系的读写效率怎么可能高呢？而寓言与童话是两个不同的文体，不能混在一起。

6. 按照"文学阅读与创意表达学习任务群"学习内容来看，三篇课文的思考题肯定也不适合了。

## 二、解决六个方面的"缺少"，单元整体教学设计如下

（一）单元教学要求

1. 认识本单元29个生字，会写27个汉字，会写27个词语。

2. 能初步把握课文的主要内容，体会童话人物丰富多样的形象，感受三位童话作家给予我们的创意。

3. 在真实的童话学习情境中通过写童话、读童话、改童话、说童话，最终能让每位学生拿出属于自己的童话作品，并愿意与他人分享表达的快乐。

4. 阅读三部童话书，交流童话阅读的体验。

（二）根据教材内容，确定单元"学习情境"

童话世界里的真善美有着温暖人心的力量，照亮我们五彩的梦。阅读奇妙的中外经典童话，插上想象的翅膀，寻找心中最美好的人：是想拥有宝葫芦的王葆、改变花园的巨人，还是把刀抛向海里的小人鱼？给自己的想象力松松土，编写属于自己的五彩童话故事，帮助闪光的"种子"长成参天大树！

（三）根据上面的"学习情境"确定这一单元的主题

原来的单元主题"中外经典童话"把创意写作排在主题之外，所以本单元的主题定为"编织五彩的童话梦"。

（四）根据学生的学习需要和规律，根据教材的学习要求、情境、主题，本单元可以设置几个任务和相对应的活动。思维导图如下

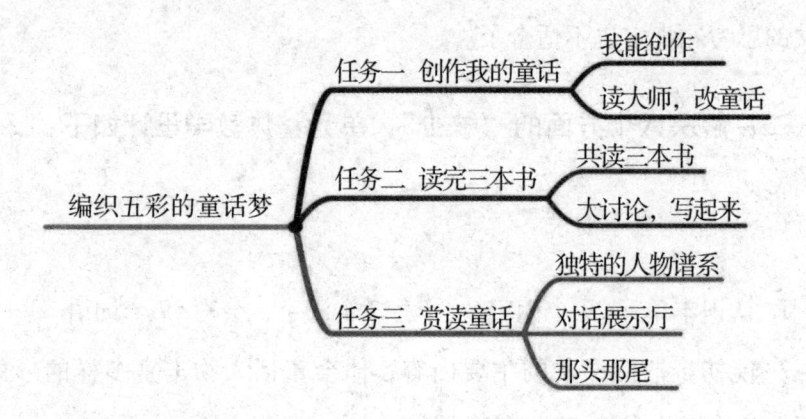

```
                                    我能创作
                  任务一  创作我的童话
                                    读大师，改童话
                                    共读三本书
编织五彩的童话梦  任务二  读完三本书
                                    大讨论，写起来
                                    独特的人物谱系
                  任务三  赏读童话    对话展示厅
                                    那头那尾
```

（五）具体的教学流程

任务一：创作我的童话　活动一：我能创作

第一课时　先写童话作文

师：同学们，这节课我们来做一件具有挑战性的事，就是创编一个童话故事。写什么，你们自己定，一切你们说了算。

（用一节课来写，老师巡视发现学生存在哪些问题，并记录下来）

没有老师教，学生所写童话会出现哪些问题呢？

1. 绝大多数学生写的童话里缺少"世界上没有的'人物'"。

2. 绝大多数学生写的童话里"人物量"不足。

3. 绝大多数学生写的童话字数在350～500字之间。

4. 绝大多数学生写的童话里"对话句"太少，"高水平的对话"几乎没有。

5. 绝大多数学生写的童话里的某个"人物"的"超能力"太弱。

6. 绝大多数学生写的童话故事的结局不是"从此过上了幸福的生活"。

以大单元变序教学让"文学阅读与创意表达"任务群落地 | 109

7. 绝大多数学生写的童话故事的开头太短、太简单，就像普通文章的开头一样。

………………

（面对这些问题，怎么办呢？解决办法：用课文、书中的"写作智慧"引导学生来解决上面的问题）

任务一：创作我的童话　活动二：读大师，改童话

第二课时　快速读课文，发现规律，第一次修改童话

师：请大家选择自己喜欢的阅读方式，可以朗读，可以默读，带着"三个童话故事里哪个人物是世界上没有的，是作者的原创？"这个问题读课文。请大家一口气把这个单元的三篇课文都读完。

（学生读课文，老师督促学生不要停下。12页的3篇课文，给学生15~18分钟阅读时间可以读完一遍。所有同学读完之后，分小组探讨。然后听每个小组的汇报）

师：三个童话故事里哪个人物是世界上没有的，是作者的原创？

1. 世界上没有"宝葫芦"！

2. 世界上没有"巨人"！

3. 世界上没有"美人鱼"！

师：同学们！这三个"人物"分别是由我们中国的儿童文学作家张天翼、英国的儿童文学作家王尔德、丹麦的儿童文学作家安徒生创造的。没有想到，三位作家的创造方法居然都是一样的，都是用世界上已经有的"人或物"，通过巧妙的组合创造出来的（哲学上叫组合质变）。比如世界上有"宝"也有"葫芦"，有"巨"也有"人"，有"美人（美女）"也有"鱼"。你们的童话中有没有世界上没有的"人物"？如果没有这个"人物"，你们的童话肯定很一般。想不想用这种方法创造一个世界上没有的"人物"？创造好了，这个人物就是你的宝贝，说不

定也能像这三位作家创造的这三个人物一样走向世界。

任务一：创作我的童话　活动二：读大师，改童话

第三课时　修改作文

大家都创造出了世界上没有的"人物"，你们原来写的童话故事肯定不行了，故事肯定要大修改了。这节课我们就用这个"人物"来重新创造一个童话故事。

任务二：读完三本书　活动三：共读三本书

第四至六课时　共读三本书

师生共读《宝葫芦的秘密》《王尔德童话》《海的女儿》三本书。利用语文课、课间时间、晚上睡觉前完成阅读。在学生读这些书的日子里，不布置其他作业，最多是写写读书日记。让整本书阅读静静地发生在课堂里，老师不要做任何引导，就是与学生一起，一字一字，一页一页，共同读完一遍再说。

任务二：读完三本书　活动四：大讨论，写起来

第七课时　大讨论及第二次修改

1. 分组讲述，阅读三本书的收获。（4人一组。10分钟）

2. 师：同学们，这几天，我们共读了三本书，想不想知道老师的重大发现？我的发现是：

（1）《宝葫芦的秘密（节选）》有41个序号，每个序号后面都有故事，41个故事就是一本很厚的书。

（2）读《王尔德童话》，知道王尔德一生只写了9篇童话，每篇童话也都挺长的。

（3）《海的女儿》接近两万字！故事也挺长的。

（4）三篇课文都是三个故事的开头部分。童话故事的开头也可以写得很长很长。

（5）如果大家喜欢张天翼、安徒生、格林兄弟以及世界上许许多多童话作家，你们肯定会发现他们创作的童话没有一篇只是几百字的，也就是童话不能写短。大家想不想把自己的童话"拉长"呢？

（6）请大家读自己的童话故事，你们觉得还可以加些什么内容？请大家尽可能地多列几条提纲。在接下来的一段时间里，我们每天写一点，每天写几段，相信每位同学都能完成一部很长很长的童话。

任务三：赏读童话　活动五：独特的人物谱系

第八课时　寻找童话中的"人物"

1. 请同学们带着"用彩色笔画出童话故事中的所有人物，想想哪个人物具有超能力"这个任务，再次读课文。（时间12分钟）

2. 读完后，同桌互相说一说，看看有没有丢掉的人物。

3. 老师与学生把三篇课文中的人物理出来。

（1）《宝葫芦的秘密》：我（王葆）、奶奶；张三、李四、王五、赵六、神仙；水蜜桃、大黄狗、向日葵；你们，同学们，科学小组的同学；宝葫芦。

（2）《巨人的花园》：巨人、小男孩、孩子们；青草、桃树、鲜花、果子；高墙、广告牌；小鸟们、梅花雀；雪、霜、北风、雹。

（3）《海的女儿》：海底的人、海王、王后、海王的老母亲、六个海公主、最小的海公主；奇异的树木、珊瑚、蚌壳、珍珠、琥珀、花园、果子、沙子、太阳、鲸鱼、小人鱼、垂柳、大理石像；许多旅客的船……

4. 在每个故事里，哪个人物是主人公，哪个人物具有超能力？

5. 学生读自己的作品，看看故事里的人物是多还是少？故事要想写长，多一些人物如何？大家可以加一些人物。另外，哪个人物有超能力要确定好，一定要把他的超能力写在故事里。

任务三：赏读童话　活动六：对话展示厅

第九课时 《宝葫芦的秘密（节选）》教学

1. 完成本篇课文所有的生字词教学任务。

2. 课文中出现了四种类型对话句，重点品读文中的"对话句"。（引领学生知晓童话故事的创作不能少了对话句，这四类对话句要灵活使用）

3. 阅读课文，寻找最有意思、最有趣的地方，读至何处你们的脸上会露出笑容？你们的童话故事有让人笑的地方吗？

4. 讨论第15自然段，作者为什么要略写奶奶所讲的几个故事？

任务三：赏读童话　活动六：对话展示厅

第十课时 《巨人的花园》教学

1. 完成本篇课文所有的生字词教学任务。

2. 重点品读文中的"对话句"。（再次告诉学生，写童话，一定要让人物"说话"）

3. 讨论：是谁让巨人改变的？梅花雀唱歌、小男孩出场，让故事发生了哪些变化？你们知道这个小男孩是谁吗？

4. 你们相信春天来了，巨人的花园居然还是冬天吗？你们如何理解这个故事中的"春天"和"冬天"？

任务三：赏话童话　活动六：对话展示厅

第十一课时 《海的女儿》教学

1. 完成本篇课文所有的生字词教学任务。

2. 这篇课文，安徒生为什么只让老祖母说了一句话？你们觉得这句话的力量大吗？（以此引导学生知晓故事中的人物所说的都是必需的，都要有力量，千万不要让人物说废话）

3. 讨论：你们知道安徒生为什么要创作这篇童话吗？

4. 读这篇童话的结尾，欣赏童话给予读者的不一样的幸福。

任务三：赏读童话　活动七：那头那尾

第十二课时　单元梳理　鼓励学生完成作品

1. 单元字词梳理。

2. 单元课文中的写作智慧梳理。

3. "日积月累"的梳理。

4. 阅读自己两周时间所写的童话，看看能不能结尾。这三篇课文都是故事的开头部分，三个开头都写得很长；而三部童话的结尾也都是"从此过上了幸福的生活"，也就是说，童话是幸福的，最好不要写悲惨之结局。你们的童话故事结尾是怎样的？

5. 这一单元学完，本学期就快要结束了。其实你们的童话故事，暑假里还可以接着写。如果你们愿意，你们的童话故事肯定会变成如《宝葫芦的秘密》一样厚的书。

如上教法就是我一直在研究的"大单元'先写后教'变序教学"。平时的单元教学为何不能称为大单元教学？因为真的不大呀！成千上万的老师用线性教学结构，即先教《宝葫芦的秘密（节选）》，再教《巨人的花园》，接着教《海的女儿》，三篇课文教完再教学生"习作"，"习作"教完最后教"语文园地"，差不多的教学看不出大小。按照"文学阅读与创意表达学习任务群"来教，有这样几个收获：一是全体学生（每位学生）创编的童话故事真的有创意了，他们个个把童话故事写得很长很长，用原来的单元教法，学生写下的《故事新编》比这短小多了；二是学生扎扎实实地把三本书看完了一遍，原来的单元教法不可能有全体学生把这三本书看完的事发生；三是三篇课文的教育力比原来强了，原来老师们教的，我都教了，老师们没教的，即课文里藏着的对学生写作特别有帮助的写作智慧我教了很多；四是每位学生真的很喜欢这样的课堂，他们的参与度比原来大多了；五是学生原来根本感觉不到"整体"的存在，现在的整体观非常明确了；六是执行这种"先写后教"的方法，学生习作被用不同写作智慧至少修改了4次，传统的习作教学，老师都在念着"文章不厌百回改"，事实上，学生们连两改都没有做到。一线语文老师非常清楚，三至九年级的作文修改方法是非常相似的，就是改改错别字，删除不通顺的句子，调整一下顺序等，但"先写后教"的修改是多样化的，都是针对学生一个个问题，效果立竿见影，这比原来的教法不"大"吗？

大单元教学在我国可谓如火如荼，也鱼龙混杂。面对这种现象，还是有不少专家、学者、一线老师拒绝大单元，认为这会淡化课文教学，不利于学生素养养成……这都是没有实践过的专家说法，实践是检验真理的唯一标准。另外，启发式教学难道一点弊端也没有吗？灌输式教学一点好处没有吗？没有实践，只是观看，或者只是在屋子里思考，很有可能是裹足奔向新课堂，难啊！

不过，实践证明，做大单元"先写后教"变序教学实验，实验前的设计的确要花费非常大的精力，与传统教学相比，需要更多的专业化思维。

# "思辨性阅读与表达"的理解与教学尝试

## 一、搞清几个概念

什么是思辨？什么是思辨性？什么是思辨能力？"思辨性阅读与表达"是思辨性阅读与思辨性表达吗？理解"思辨性阅读与表达"学习任务群，必须要弄清楚这几个问题。

1. 什么是思辨？①哲学上指运用逻辑推导而进行纯理论、纯概念的思考，毫无客观坐标。②思考辨析。思辨，是一种思考方式，可不与外界相关，甚至可以不符合逻辑。

哲学家认为，通过思辨，人可以为自然立法，也就是为自然界建立规则。近代科学的发展将思辨方法逐渐从主流的地位上赶下来，而把科学实验方法推上王座。实践才可使主观见之于客观。

2. 什么是思辨性？即脱离社会实践，在书斋中通过抽象的思考、推理、论证得出结论的哲学。万物要经辨识才会区别物与物之间的差异；万事要用辩证眼光看方能分清事与事之间的联系。然而，因辨识能力的高低和辩证思维的巧拙，世上就会出现争论不休的事，刚澄清一个问题，又会冒出难以定论的另一个问题。人类历史就是这样在不断认识事物和不断创造事物的过程中前进的。

3. 什么是思辨能力？思辨能力的主要特征有哪些？思辨能力就是思考辨析能力。所谓思考指的是分析、推理、判断等思维活动；所谓辨析指的是对事物的情况、类别、事理等的辨别分析。思辨能力首先是一种抽象思维能力。例如，能区分鸡蛋和鸭蛋，这不能算有思辨能力，因为仅凭经验和观察就能够区分鸡蛋和鸭蛋。若要搞清楚"鸡和蛋谁先谁后"这个问题，只靠经验和观察是不够的，必须有较强的思辨能力才行。思辨"鸡和蛋谁先谁后"问题，得做三个层面的分析。

第一，从经验的层面上进行辨析。即对某一个鸡蛋所孵化出的小鸡而言，当然是先有蛋，后有鸡；可对这只小鸡长大后所生的蛋而言，当然是先有鸡，后有蛋。这一层面，必然有人会问："你说先有蛋后有鸡，那鸡蛋又是从何而来？"第二，从追根问底层面进行分析。"先有鸡还是先有蛋"是一个不恰当的问题。根据生物进化的常识，无论是鸡还是蛋，都是从非鸡非蛋的其他物种遗传、变异而来，如同人是由类人猿演变而来的一样。也就是说，在根源这个意义上，"鸡和蛋谁先谁后"这个问题必须依靠两个不真实的假设才能提出来，所以这是一个不恰当的问题。第三，从逻辑思维层面进行分析。"先有鸡还是先有蛋"是"恶性循环"思维错误的代名词。

这就是在不同的层面上对同一个问题展开有条理的分析。分析问题首先要把思考的层面区分开，因为在不同的层面上对同一个问题所做出的分析，得出的认识或结论常常不同，甚至完全相反。"鸡和蛋谁先谁后"的问题在经验的层面上是不成问题的问题，它是一个容易解决和不大可能引起争议的问题；在理论或者科学的层面上，它变成了一个不恰当的问题；在逻辑的层面上，它不再是个问题，而是一个指称"恶性循环"这种思维错误的代名词。其次，要注意在同一个层面上分析问题的条理性，也就是说，分析要讲究层次和条理。还有一个重要的特征就是说理。说理就是对所做出的分析进行解释和论证，比如，为什么说它是一个简单的问题？为什么说它是一个不恰当的问题？为什么说它不再是一个问题？再者，解释和论证要明白、有力，比如，概念的使用、语言的表达要清楚、准确，理由的陈述、结论的导出要明白、有力。

简要地说，层次分明、条理清楚的分析，清楚准确、明白有力的说理，即是思辨能力的主要特征。如果一个人在思考问题时能做到条理清楚，说理明白，我们就说其具有较好的思辨能力。

4. 从思辨能力的特征来看，阅读需要思辨性，表达同样需要思辨性。也就是说阅读要体现这些特征，表达也需要体现这些特征。

理解了这些信息，再看课程标准中的"课程内容"，就可以从"目标、内容、主题、情境、任务、活动、教学评一体"来理一理这个任务群，也可以用现有教材的相关内容进行这一任务群的教学尝试。

这一任务群对应的目标是"培养学生的理性思维和理性精神"。因为学段不同，老师就要根据不同学段的学生特点来创设适宜的学习主题和学习情境。主题主要有"生活真奇妙""我的小问号""大自然的奥秘""生活中的智慧""社会公德大家谈""奇妙的祖国语言""科学之光""东方智慧""生活的感悟""探究与创造""艺海拾贝""理性的声音"等。而每一个任务主要通过"阅读、讨论、探究、演讲、写作"五大活动来完成。其评价主要是在"阅读、讨论、探究、演讲、写作"的过程中确立同学们的表现以及学习成果，要特别关注学生思考的过程和思维的方法。

## 二、面对思辨性阅读与表达任务群,老师该做什么,怎么做

我对新课程标准中的这一任务群的内容、方法做整合归纳,一下子就明白了该做什么,怎么去做了。

第一学段(重在保护学生好奇心、自信心,引导学生多问为什么)

1. 读趣文,发现、思考日常事物的奇妙,说想法。
2. 提出问题,思考、探究、分享解决办法,说出理由。

第二学段(通过具体的例子引导学生发表看法,表达自己的观点,寻找文中证据来支持自己的观点)

1. 阅读科学短文,发现奥秘,表达观点和思考。
2. 读智慧故事,思考并表达故事中的道理。
3. 根据自己的生活发现,学习辨析、质疑、提问。

第三学段(有条理地表达自己的观点,鼓励学生对文本进行评价)

1. 读短论简评,表达自己的观点。
2. 发现、思考多种语言现象特点,体会表达效果。
3. 读科技发明故事,学创造精神,体会猜想、验证、推理等思维方法。
4. 阅读哲人故事、寓言、成语故事等,感受智慧,学习思维方法。

第四学段(引导学生客观、全面、冷静地思考,识别隐含的情感、观点、立场,尝试对文本进行评价)

1. 读哲理文章,阐述感悟和观点。
2. 学科学,探究文本,进行专题式研讨、演讲、写作。
3. 读诗话、文论、书画艺术论的经典片段,欣赏、评析作品。
4. 学习革命领袖经典思辨性文本,理解作者的立场、观点和方法。口头或书面讨论社会热点。

## "思辨性阅读与表达"的理解与教学尝试

那"思辨性阅读与表达"这一学习任务群如何具体实施呢？我以统编小学语文教材五年级下册第六单元为例谈一谈。

五年级下册第六单元由《15 自相矛盾》《16 田忌赛马》《11 跳水》传统经典文章组成，习作主题是"神奇的探险之旅"，即让学生编一个惊险、刺激的探险故事。另外，在本单元的"语文园地"里还有一个重要的内容，是叶圣陶先生给初三学生肖复兴修改的作文。

对于一个单元来说，传统教法就是先教《15 自相矛盾》，接着教《16 田忌赛马》，然后教《17 跳水》，课文学完就习作（用 2~3 课时教习作，学生写了草稿，简单地改一改就誊写交给老师），习作结束教"语文园地"。这么多的内容，课文用时最多，自然也是最重要的。而这一"先教后写"的线性教学结构的诟病是什么呢？课文教不透，习作写不好，课文教学与写作两张皮，相互分离等。这一单元的《16 田忌赛马》是指导我们进行单元教学改革的好文章。孙膑只是调整了马的出场顺序，就让田忌获胜了。这一故事启发我：继续用传统单元教法教，这一单元整体教学会不会如孙膑没有给田忌出谋划策之前的那些赛马一样会输掉？即使教完了课文及写作，把叶老修改肖复兴的范例讲得非常透彻，谁又能保证老师们会带着学生，重新返回去修改本单元的习作？（因为学生已经把誊写好的文章交给老师批改了；因为这一内容教完，老师就要立即教第七单元了）如果做不到，那这一单元设置的修改作文的内容难道只是为以后的写作服务吗？而大单元教学理论、追求理解的教学设计理念（逆向型教学设计）非常明确地告诉我们，应该从结果出来（结果是什么？就是孙膑帮助田忌获胜。语文教学的结果是什么？通过一个单元多个内容的学习，要能写出一篇像样的文章。有人说教学生理解三篇课文不是结果吗？读逆向型教学理论得知，结果只有一个，读与写。哪个是结果，很明显，应该放在写作上），以"先写后教"变序教学的方式开展大单元教学。

这个单元情境是什么呢？通读该单元的所有内容，我拟定的单元情境是：生活中有各种问题需要解决，从不同的解决问题的办法可以看出人不同的思维方式。阅读、讲述古今中外有意思的故事，对矛与盾的哲学话题进行思辨，认识孙膑、船长等这些善于解决问题的人，和同学一起思考、讨论文本的问题，尝试编写探险的故事，与同学们一起分享，发现自己思维的独特密码。

这个单元的主题是什么？我将其定为"生活中的奇妙智慧"。根据情境、主题，设计的任务与活动如下。

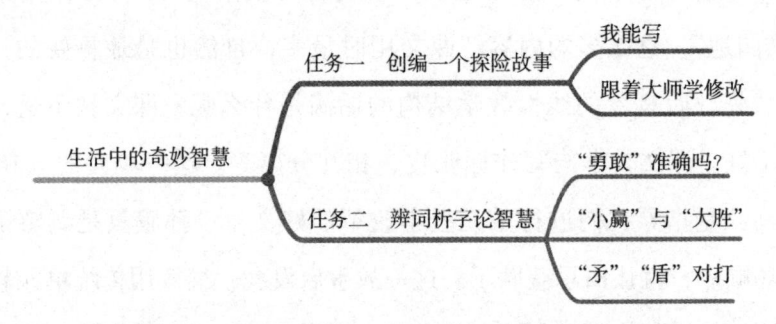

```
                        ┌─ 我能写
         ┌─ 任务一  创编一个探险故事 ─┤
         │              └─ 跟着大师学修改
生活中的奇妙智慧 ─┤
         │              ┌─ "勇敢"准确吗？
         └─ 任务二  辨词析字论智慧 ──┼─ "小赢"与"大胜"
                        └─ "矛""盾"对打
```

**任务一：创编一个探险故事　活动一："我能写"教学**

第一课时　直接写"神奇的探险之旅"

对于五年级的学生来说，让他们独立阅读这一页的习作要求，在没有老师的任何引导下，他们肯定会写出一篇文章。但是，没有老师的引导，他们写下的第一稿会出现哪些问题呢？

一是肯定有学生用"神奇的探险之旅"做文章题目。二是教材要求学生用三个人物来写作，三个人物在文章中肯定有人说话，有人没有说话，按理说他们都应该说话。三是对于学生来说，文章中出现的成语肯定少之又少。（这个单元的三篇课文里都有成语。）四是肯定有词语用得不准确。五是有不少学生仍然用简单化的常态思维来写探险故事，缺少"火花"，即文章中缺少思辨的环节或内容。六是这次习作，教材要求"编"故事，不少学生肯定是"瞎编"。编出来的习作结尾等很可能非常平淡。七是让人感觉不到真正的惊险，有不少学生肯定不会用写险的方法来写险。八是有不少学生最后以"梦"结束。九是很多学生写遇到的困难太小，都是自己能解决的困难，所以不会有"特殊人物"出场来解决难题。

……　……

没有老师的引领，有没有好的文章？肯定有！一般有3~5篇左右。面对以上的问题，怎么教学？先解决哪一个，后解决哪一个呢？

**任务一：创编一个探险故事　活动二："跟着大师学修改"教学（1）**

**第二课时　"语文园地"作文修改，学生首次自主修改**

本单元"语文园地""语句段运用"的第三题是叶圣陶先生为一位中学生（肖复兴）修改的作文。看这一内容，相信老师们一定会说，教材编写者给五年级学生提供的居然是叶老给中学生修改作文，为什么不给五年级学生提供叶老给小学生修改作文的范例呢？而初三学生的作文对于五年级学生来说实在有点远。当然，不排除编写者对我这种教材解读的否定。我们猜测编写者的意图，是不是让五年级学生读一读批改的形式，让他们知道文章不厌百回改？知道初三的这位学生叫肖复兴（他后来成了大作家），文章肯定比一般学生好。如果去掉那些修改，绝大多数语文老师也会认为这篇文章挺好，但经过叶老一改，原来问题还有那么多呀！

面对如上教材解读与思考，我认为应该用一节课的时间把这一内容教透彻。

1. 让学生不看任何修改符号，把原文读3遍。为什么这么做？叶老批改作文，他要求学生一定要多读，读到"正确、流利、有感情"了，自己就能发现很多问题了。所以，把原文读3遍不多。

2. 把叶老修改好的文章读 3 遍，看看有什么不同。课堂上，不要急，不要读完一遍就去讲这讲那。读几遍，学生就能发现叶老是从哪些方面改的。

（1）改了一个错别字，增添了很多字，换了很多字。

（2）增加、换掉、删除多处标点符号。

（3）删除、换掉词语，调整了词语的顺序，让词语使用更准确了。

（4）换掉句子、删除句子、调整句子的顺序，让句子读起来更通顺了。

（5）调整了段落：由四个自然段合成两个自然段。

3. 送学生一首诗《快乐修改》，这是英国乔纳森·斯威夫特（代表作是《格列佛游记》）创作的，诗非常简单：

涂掉，纠正，加字，精练，

增添，删减，写在行间；

要留心，没了想法，

挠头皮，咬指甲。

4. 拿出自己的习作，读几遍，自己改。

任务二：辨词析字论智慧　活动一："'勇敢'准确吗？"教学

第三课时~第五课时　《跳水》与习作的第二次修改

这篇课文教什么？1997 年，我听了全国著名特级教师靳家彦先生上此课，课上得相当精彩。在讲座中得知，靳老师此课已经在全国各地上过 200 多遍了！怪不得上得那么流畅、那么熟练！这篇课文当然也被许许多多的名师演绎过。按理说，这一课没有啥可研究的了，所有的问题都被解决了。是这样的吗？并不是！基本的字词句段的教学老师们都抓了。在危急时刻，船长是怎么想的？无数届的小学生都替船长想了很多。船长的办法好在哪里？这本来就不是个问题，因为在那个时刻绝对没有第二种办法了。有的老师让学生替船长想办法，课堂上非常热闹，真的浪费非常多的时间。课堂上，老师与学生完成了一幅幅图，把这跳水前后都画得清清楚楚、明明白白。但多少年来，老师们用两个课时就教了这么多。不得不说，课文中有几处最能帮助学生修改本单元作文的智慧之处，很多老师真的还没有触及。有几个地方提醒各位老师。

一是看这篇课文（如果能看到原文）你会发现作家很牛，只让船长的儿子说了一句话，就是"你逃不了"。让船长喊了两段话："向海里跳！快！不跳我就开枪了！""向海里跳！不然我就开枪了！一！二！三！"

船上的那二十来个水手一句话没说吗？他们难道只是"笑"？反复"笑"把猴子逼成那样的？如果在真实的现场，肯定能听到水手们说了很多话，做了不少事。但作家为什么不把他们的话写在文章里呢？这样的问题课堂上该不该让学生讨论？

二是看看课文的最后一个自然段：

扑通一声，孩子像颗炮弹一样扎进了海里。二十来个勇敢的水手已经跳进了大海：四十秒钟——大家已经觉得时间太长了。等孩子一浮上来，水手们就立刻抓住了他，把他救上了甲板。

如果单单读这一段文字，你绝对发现不到任何问题。这么多年来，那么多的名师也没有发现问题。问题在哪里？就出在"勇敢的水手"里。这二十多个水手能用勇敢来形容吗？通读全文，你觉得用"勇敢"来形容、赞美这二十来个水手恰当吗？

船长的儿子爬到"桅杆顶端的横木上"出现了危险，只是那个猴子导致的吗？甲板上的水手们是不是起到了推波助澜的作用？如果没有他们逗猴子，没有他们的大笑（事实上，这些水手们也在逗船长的儿子），猴子会如此放肆吗？也就是说，这场灾难的出现，水手们不是

"吃瓜群众"，而是地地道道的、非常主动的参与者。船长最终出场，发出号令救自己的孩子，此时的水手们不跳入海中，还会有其他选择吗？

这篇文章选作课文时做了不少改动，大凡读过全文的一定知道儿子救上来之后，几分钟才吐出来水，此时的船长躲进舱里哭了。船长哭什么？一哭自己对不起孩子，二哭孩子终于活过来了，三哭这些水手们居然把孩子逼上了危险境地……（二十来个水手在那里耍猴、耍船长的孩子，他的情绪是复杂的。）

这篇课文前面几段出现的水手都是一个群体，没有具体数据，"水手们都在甲板上""甲板上的水手全都吓呆了"，只在最后一个自然段出现"二十来个水手"这个具体数字。读到此处，我想到：这艘帆船上到底有多少个水手？是不是只有二十来个水手？于是到网上查，发现不少人也有这样的疑问。看作者的出生与去世年月，查阅那个时候的帆船，船上的水手也就 6~20 人左右。可以这么说，在甲板上的水手应该都跳下去了。为什么都跳？有必要全部跳下去吗？水手们不傻，船长的儿子被他们逼上了桅杆，不跳下去救孩子留在甲板上干什么？分析到此，怎么也不能把"勇敢"一词附在水手们的身上。

我的这个疑问有没有道理呢？我决定查找一下这篇文章的原文。虽然我不懂俄语，家中没有俄语工具书，也没有原版的《跳水》，但手中还是有几个出版社出版的《跳水》译文的。教材的译者叫吴楘（mào）之（关于这位译者的相关信息很少），我查到了他这篇文章的全部译文，他的确在此处使用了"勇敢"一词。我手中还有一本《跳水》（长江文艺出版社，2021 年 6 月第 1 版），这本书是陈馥翻译的，文章最后一段陈馥是这样翻译的：

"孩子的身体像颗炮弹似的落入大海中，浪花还没有盖住他，二十名健壮的水手已经从船上跳下海去。过了差不多四十秒钟——大家都觉得这时间太长——孩子的身体才浮出水面。人们把他抱住，拉上船。又过了几分钟，从他嘴里和鼻孔里流出水来，他又开始呼吸了。船长看到这个情景，忽然大吼一声，好像被什么东西堵住了嗓子眼似的，接着就跑出舱房去了，免得让人看见他哭。"

吴栎之先生与陈馥老师翻译出来的文字差异还是相当大的。在俄语中"勇敢"与"健壮"会不会是同一个词呢？把两位译者的文章放在一起读让我产生了不少疑惑。到底什么样的译文是更加精准？看来只能看原版即俄文版的《跳水》才能找到答案。但可以肯定托尔斯泰不会把"勇敢"一词用在此处，绝对不会。

面对这样的思考，我觉得课堂上可以抓住这个词，从质疑的角度引导学生思考。一问勇敢是何意？然后追问学生："勇敢"用在这里合适吗？如果学生说合适，就请他们说出合适的理由。如果说不合适，请全面地说出不合适的原因。而要说出不合适的原因，学生们一定会用整体思维看课文。既然不合适，那就想一个词来替换。学生们的能力是很强大的，准确、相对准确的词他们一定能找到。他们发言后再出示陈馥老师翻译的文章给他们看。这样的课学生怎么会不喜欢呢？

这样教有什么好处？①培养学生质疑教材，不唯教材、不唯名家的思辨能力；②利于学生养成用更精准的词汇来表达意思的习惯；③可以给教材主编写一封信，把大家的建议给主编，培养学生敢于同名家交流的勇气。

三是作家把船长儿子的灾难写到了极致，可以说甲板上的水手等都无法解决这一难题。谁来解决？"特殊人物"出场，即船长，解决办法——跳水。这一创作智慧就是"文中大难题，需要特殊人物来解决"。

把上述内容放入第四课时来教，第五课时就可以把课文给予学生的三种写作智慧呈现给学生了，然后引导他们根据"三大智慧"修改习作。一是反复阅读自己的文章，用最精准的词语来表达；二是给教材主编写一封信；三是把人物灾难（遇险）写成大灾难，创造一个特殊人物来解难。

学生写完之后，再给学生讲讲作家。告诉学生：学了《跳水》，知道了列夫·尼古拉耶维奇·托尔斯泰，最好读读他的书。目前，有人已经把托尔斯泰的一些短篇文章编成了一本书，起名为《跳水》出版了，大家可以读。托尔斯泰是一位非常热爱写作的大家，作品高产，多达45卷，其中有耳熟能详的《战争与和平》《安娜·卡列尼娜》等，如果愿意也可以尝试着读起来。很多老师没有在公开课上推荐过这些书，而这些书当下的许多老师可能一遍也没有读过。没读过，当然就不会贸然推荐。不推荐，很有可能许许多多的学生一生都不会再触摸这位大作家的作品。课堂中推荐虽不能保证所有的学生打开这些书，但如果有一人打开了，这就是好课的一大成功点。

任务二：辨词析字论智慧　　活动二："'小赢'与'大胜'"教学
第六～八课时　《田忌赛马》及第三次习作修改

《田忌赛马》是中华优秀传统文化中的经典故事。这一课，很多名师演绎过。老师们带着学生反复读课文，把一个个字词教了，通过画图让学生直观了解孙膑为什么能帮助田忌赢得这场比赛。有的老师还会把孙膑的相关故事讲给学生听。总之，学生一定能明白调整顺序让田忌转败为赢的道理。这也是第六、七课时的常态教法。这样教是必须的。但看了那么多《田忌赛马》的教学，还有不少内容老师没有教到位。所以第七课时还可以增加以下内容。

1. 老师应把这个故事相关的诸多"获胜"讲透。这篇文章其实讲了三个获胜。一是从第三自然段中可以判断出齐威王及贵族们一直获胜；二是孙膑调整了马的出场顺序帮助田忌获胜；三是孙膑从门客变成军师获得胜利。孙膑为什么会帮助田忌获胜，也能让自己获胜？

一是从第二自然段的"经常""看了几场"中可以看出他花了不少心思研究了大家的马；二是从第十一~十三自然段中可以看出，孙膑比赛前肯定进行了非常完美的设计；三是从第三~八自然段中可以看出，孙膑有说服田忌的能力，如果田忌不相信，也没有这次获胜的可能性；四是从最后一段"如实相告"可以看出，田忌非常诚实，孙膑肯定知道田忌这一人品。如果田忌的人品不好，硬说是自己想到的办法，孙膑还会帮助田忌吗？五是从第十五、十六自然段可以看出，齐威王有一种品质，那就是输了要搞清楚输的理由，还有他非常重视人才。孙膑肯定研究过，如果齐威王输不起，要面子，孙膑也绝对不会帮田忌赢得这场比赛的。齐威王自任命孙膑为军师后，孙膑发挥出了他的军事才能，帮助齐威王打了几次胜仗，尤其是"围魏救赵"（后来成了"三十六计"的第二计，这是孙膑的伟大贡献）。从这一角度看，齐威王大胜，齐国大胜。这一胜，课堂上很多老师没有讲。孙膑后来主动辞官不做，回到家乡，总结自己多年来的作战智慧，写出了一部《孙膑兵法》。从这一点看，孙膑更了不起，让后人知道了他的大智慧，这又是一种层面的更大的获胜。

2. 把相关的书推荐给学生。这篇课文的学习，学生还可以读哪些书呢？我们能推荐学生读什么书呢？一是《孙膑与庞涓》；二是白话版的《孙子兵法》《孙膑兵法》《三十六计》；三是《中国智谋故事》。

那这篇课文对于修改本单元的习作又有什么帮助呢？这就是第八课时要重点讲的。

统编版小学语文教材五年级下册第六单元从2019年秋季起肯定被

百万语文老师教过，有谁用过《田忌赛马》一文的写作智慧来修改本单元习作？从所看到的课及论文来看，没有发现。因为这一课藏着的写作智慧好多老师并没有看到！而最明显、最能引领学生修改本单元习作的智慧就是让该说话的人物说话、说有悬念性的话、说吸引人读下去的话。

这篇课文共有三个重要人物，一是田忌，二是孙膑，三是齐威王。这篇白话文出自《史记》卷六十五《孙子吴起列传》。课文是根据这一段改编的：

忌数与齐诸公子驰逐重射。孙子见其马足不甚相远，马有上、中、下辈。于是孙子谓田忌曰："君第重射，臣能令君胜。"田忌信然之，与王及诸公子逐射千金。及临质，孙子曰："今以君之下驷与彼上驷，取君上驷与彼中驷，取君中驷与彼下驷。"既驰三辈毕，而田忌一不胜而再胜，卒得王千金。于是忌进孙子于威王。威王问兵法，遂以为师。

司马迁的原文只让孙膑说话，田忌与齐威王都没有说话。白话文里的三位都说话了，而作者全是用"提示语在前，引语在后"方式写的说话句。课堂上，把田忌、孙膑、齐威王所说的话拿过来赏析。看学生能够发现什么？比如第一句：

一天，孙膑对田忌说："将军，我有个办法，保证能让您在赛马时获胜。"

读这一句话，你读到了什么？一是孙膑对前面的赛马做过充分的研究，研究透了，肯定能赢了，才选择这一天说这句话；二是是孙膑主动给田忌说；三是田忌与齐威王及贵族们赛马，一直没有赢过，也就是说齐威王等一直赢。

为什么要这么分析？只要读过作家如何创作对话句一类的书，一定知道对话句的重要性，知道对话句里藏着很多内容，知道很多对话句特别有张力。再看田忌听到这话的反映：

田忌问道："你是说换几匹更好的马？"

想不到田忌居然是这么问的。从这句话中，一是知道了田忌认为输是因为自己的马不好，要想赢，换马是唯一的办法；二是非常直接地用自己的方法替代了孙膑的方法，也表现出了对孙膑的怀疑；三是并没有全盘否定还会有其他方法。接着的对话是：

孙膑说："一匹也不用换。"

从这句话中我们可以读出：一是孙膑的自信；二是孙膑对田忌方法的否定；三是暂时不告诉赢的办法，设置"悬念"；四是必然激起田忌的再问，因为这句话非常明确地说，有新的方法。此句一出，对话一定是这样的：

田忌有些不明白："那怎么能有赢的把握呢？"

田忌想不想赢？当然想！赢可得千金呀！田忌肯定想过不少赢的办法，但始终没有把握。孙膑居然一匹马都不换，还说保证赢，换谁都很难明白。此时，田忌的这句话说明他最想得到的是赢的办法，那孙膑会立即告诉他吗？

孙膑胸有成竹地说："将军请放心，按照我的主意办，一定能让您赢。"

这句话仍然是设置悬念，赢的办法还是没有出现。但孙膑却给田忌提出了一个非常苛刻的要求——按照我的主意办，一定能赢。言下之意，不按照他的方法来，肯定还是输。但对话句到此居然结束了，作者不让田忌直接说："好，我相信你一回。"却用了"田忌很信任孙膑，决定全听他的"引起下文。悬念一个接一个，精彩自然会出现在我们面前。在这篇课文的后面，作者又安排齐威王说了一句话：

齐威王好奇地问田忌："你这样安排马的出场顺序，是不是有人给你出谋划策了？"

这句话很有意思，齐威王的想法一是说你田忌输了那么多次，今天能赢，太奇怪了；二是按照我对你田忌的了解，你是不可能有这个智慧的；三是你要诚实地告诉我谁给你出谋划策的。

课堂上，带着学生这样思考对话的内容，对学生的写作帮助很大。也就是说写对话一定要有方法。答案不要一下子出来，可设置悬念，要有内涵（专业上称"张力"）。

另外，在课堂上，应该引领学生去思考，作者为什么要让他们三人说话？为什么都用这一种方式的说话句？这些说话句的类型要不要改动一下？改成"引语在前，提示语在后"可以吗？通过阅读与讨论，让学生再看自己所写的文章，看看那些该说话的人物说话了吗？所说的话有没有废话？人物说的话能不能分出水平的高低？哪些人物虽然文章中存在，但绝对不能让他（他们）说话？

《田忌赛马》给予学生的写作智慧就是学会让该说话的人物在文章中说话，说出高水平的话、有悬念的话。有了这一写作智慧，接下来，就让学生把文章改出来。这也是第二次非常有针对性的文章修改。

任务二：辨词析字论智慧　活动三："'矛''盾'对打"教学

第九~十课时　《自相矛盾》的教学与第四次习作修改

《自相矛盾》出自《韩非子·难一》。韩非子是法家代表人物。法家与儒家倡导的理念是不一样的。只读这则文言文，不把这则寓言前前后后的文字读了，肯定不知道这是韩非子首见秦王的谈话。韩非子想通过这则寓言指出尧舜两帝、孔子及儒家的问题，最终向秦王阐述"法"的重要性。因为儒家讲仁德，法家讲法治。现在，世界多数国家都是仁德与法治并行，强调哪一个、淡化哪一个都是不可以的。

韩非子因为这则寓言成为世界上第一位研究"矛盾"并有研究成果的人。他告诉人们不能被刺穿的盾和没有什么刺不穿的矛是不可能同时存在的。事实上，世界上的矛盾之事太多了，却又是共同存在的，富与穷，战与和，多与少……世界上有各种各样的矛盾。怎么解决矛盾，怎么制造利于自己的矛盾都成了智慧。只要读过《自相矛盾的美国》就知道，美国200多年来非常灵活地利用着很多矛盾，让国家一步步变成世界第一。比如第一、二次世界大战，当时的美国是反战大国，却一直把武器卖给正在打仗的双方。比如这些年的美国，既打压我们中国，还要与我们进行贸易往来。

但不得不说，这则经典老故事我们一直教得过于简单了，没有给学生更多的"矛盾素材"，没有让学生在课堂中冒出思维大火花，并因此而清楚2000多年前这则寓言里的"自相矛盾"与当下生活中真的"自相矛盾"完全不一样。今天的我们面对那么多存在的矛盾，绝对不能用"其人弗能应也。夫不可陷之盾与无不陷之矛，不可同世而立"结束。韩非子也没有因此而结束，《韩非子·难一》里有韩非子大量的论述，对这一矛盾提出了有效的解决办法。教材中摘取的这则寓言故事在寓意出现时结束，其实最最重要的是用创造性智慧解决矛盾，这才是这则寓言的真正寓意。所以，传统的第九课时的教学，需要增加上述内容。这样的课才更有味道。那这则寓言故事给予学生的写作智慧是什么呢？能否以此智慧帮助学生修改本单元的习作？第十课时的教学设计就是以"从'寓言'这个文体出发，体会这一文体的价值。以寓言文体特征来引导学生修改作文"展开的。

从一年级至现在，学生已经学了很多寓言了。但不得不说，读了那么多，我们还没有让学生创作过寓言。而老师们还没有给学生好好地讲过什么是寓言。寓言到底是什么样的文体？人类为什么要创造这样的文体？很多学生不知道。这一课，应该让学生知道！

1. 什么是"寓"？寓是形声字。从宀，从禺（yù）。"宀"表示房屋，"禺"本义是"山角落""山角里"。"宀"和"禺"联合起来表示"坐落在山角里的房屋"。引申义是山野中的寄居屋舍。《说文解字》等文解释"寓"为"寄"，即城里人为躲避灾祸而寄居山野，因为山中的寓所位置隐蔽，万一遭遇抓捕，可以从后门逃到山上隐藏起来。后人据此告诉读者，"寓言"里有"寄托"的东西，也就是人们常说的"道理"。

这样的解释还不足以让学生去主动创作。因为"寓"还可以这样解释，就是在房屋里创造一个世界上没有的、愚笨的动物或人，把熟悉之人的缺点、问题放在这个愚笨的动物或其他国家、地区的人身上，从而让熟悉的人自悟而改变。这一做法既能改变他人，也能保护自己，因为人人喜欢听好话，不喜欢别人说自己的缺点。

2. 美国阅读教育研究专家吉姆·崔利斯在其著作《朗读手册Ⅱ》的第22页里有这样一段话：

希腊文化不是唯一，却是最早产生寓言的文化。寓言的产生，是因为在人类历史的早期，人们就发现没有人喜欢批评，即使穴居时代的人也不喜欢邻居对他说："嘿，摩卡摩卡！你以为自己了不起，总是夸自己有多强。但是，你的好日子到头了，吹牛大王，等着瞧吧！"……因此，人们编个故事来隐喻，也就是用拐弯抹角的方法来说明。而用这种方式批评就安全多了。虽然拐弯抹角也会让人恼羞成怒，但寓意后来变成了箴言，与我们的日常生活就息息相关了。

这段文字告诉学生：寓言原来是这么回事！看来写寓言不是多么难的事呀！

3. 寓言就是在屋子里创造的一个世界上没有的故事，故事里的那个最主要的人物（动物）一定是愚笨的，也是不存在的，但故事中的那些缺点却是存在于人的身上的，把这些缺点、问题给那个人物（动物），目的是提醒人改掉它，否则很可能出现大的灾难。

《自相矛盾》里那个卖矛卖盾的人是不存在的！如此卖矛、盾，就是个大傻瓜。但世界上如此夸大产品质量的人是存在的。没有最好，只有更好。韩非子创造这个大傻瓜目的就是提醒人，如若不改，灾难显而易见。那如何让学生找到这个愚笨的家伙？如何让学生发现思维大火花？

（1）读《自相矛盾》，想一想，哪一个字一出现，那个大傻瓜的笨思维就出现了？相信学生一定能找到这个字。

（2）读《自相矛盾》，看看哪句话一出现，思维的小火花肯定要冒出来？哪句话出现，思维大火花冒出来了？这两个问题学生肯定都能找到答案。

4. 世界上没有十全十美的人。多少缺点伴随人一生，怎么都改不掉。其实只要发现了这些问题，就可以创作寓言了。把缺点给动物，或创造一个愚笨的人，一个大傻瓜，这不难！那道理难创造吗？当然不难了。这就是说寓言这种文体非常奇妙，故事是虚构的，但道理却是相当有价值的。学了《自相矛盾》，想着过去读了那么多寓言，其实自己也可以创作一则则寓言。这是寓言学习给予我们的第一种写作智慧。这一写作，请大家课后作为日记来写。

5. 本单元的习作是让学生编一个神奇的探险故事。就是说，这个故事是没有的，是不存在的。是不是有点像寓言里的那个故事？虽然学生编的故事不能等同于寓言里的故事，但这一次习作让学生"编"可是事实。

阅读学生写下的作品，他们真是编的，但故事编完了，结局却欠缺对"理"的呈现，也就是结尾的话语简单、随意、质量不高。

让学生阅读自己的文章，看看故事里的人物，最重要的是看看文章的结尾。然后跟寓言学习，把结尾改得水平高一些。

6. 学生重点修改文章的结尾。

**任务一：创编一个探险故事　活动二："跟着大师学修改"教学（2）**

**第十一、十二课时　第五次修改习作及习作讲评**

多年来，我国中小学生的作文修改最多两次。一次是写完之后的自改，一次是老师修改之后根据老师的建议再改。事实上，每一次课内习作也就只有第一次改，绝大多数学生看到老师的批改后没有进行实质性的再改，即使改了，老师也未必再批。"文章不厌百回改"早就成为一句口号。而大单元"先写后教"，课上至此处，学生已经完成了"四改"（一是自改，二是改了词语，三是改了句子，四是改了结尾）"两写"（给主编写一封信，尝试写一篇寓言故事）。如此之活动，学生的习作有没有变化？有变化，是看得见的大变化，是每位学生都有的大变化。

**第十一课时　全方位欣赏学生的变化**

1. 学生第一次自改就出现的好作文欣赏。（老师没教，3~5人的文章是好的）

2. 改了词语后的精彩片段欣赏。

3. 改了句子后的精彩片段欣赏。

4. 改了结尾后的欣赏。

四个欣赏，全班每个学生都要出场。也就是说，欣赏他们作品的精彩，欣赏他们作品的变化，要真正地面向全体，一个都不能少。

第十二课时　再次修改，完成习作

1. 看三篇课文，寻找文中的成语。《15 自相矛盾》《16 田忌赛马》《17 跳水》，每篇课文里都有成语。

2. 看自己的作文，把文中成语圈出来。（50 位学生，超过 40 位学生的文章里没有成语）

3. 同学们从一年级到现在学过的成语太多了，看看能否把头脑里的成语拿出几个来，放入文章中？

4. 学生为自己的文章增加成语。

同学们，文章中用对了成语会给你的文章增色。这是老师给予大家的一种修改方法。我读了大家神奇的探险，发现还有一个大问题存在，那就是同学们的文章中普遍缺少让人惊讶的内容，探险中怎么可能没有"惊讶"呢？同学们都知道表情包。如果让你画一个惊讶的表情包，你们肯定会画。在你们的文章中，惊讶表情包应该画在哪里？请大家立即找到并画一画。找不到的，那就要增加让人惊讶的内容了。有了惊讶，才会有发现，才会有大的发现。什么是哲学？哲学就是从惊讶开始的。有了惊讶才会有思考，有了思考才能展现出你的智慧。所以写探险故事不能少了惊讶，不能少了发现，不能少了思考，更不能少了智慧。

同学们，你们惊讶的表情包已经画好了，那如何写这个惊讶呢？大家肯定会说——用修辞手法！对了，非常正确。用哪些修辞手法？夸张、摹声、比喻等都可以。那就赶紧用这些修辞手法改起来习作，尤其要学会利用"夸张"之修辞方法。

5. 请同学们用多种修辞方法为自己的文章增加"表情包"。

6. 共同欣赏大家的习作。

7. 这节课又给了大家两种修改方法，如此文章都变得很棒。誊写作文，交给老师欣赏吧。

> 5月8日
> 星期六
> 关键词：整本书教学

# 整本书教学的课标表达与实践设想

近 100 年的时间里，《义务教育语文课程标准（2022 年版）》是最重视整本书阅读的。虽然 2011 年版的语文课程标准中也有"多读多写""倡导少做题，多读书，好读书，读好书，读整本书，注重阅读引导，培养读书兴趣，提高读书品位"这条理念，但年段中没有具体的整本书阅读目标和内容以及实施建议、教学建议，也没有整本书阅读教学的内容。

新课程标准取消了"多读多写"（2011 年前的所有教学大纲、课程标准中都没有出现这个词），我觉得不该取消。看普通高中课程标准（2017 年版，2020 年修订）的"必修课程"之学习要求，第一条开头就提出"五多"呢！即多读多想多写，多角度地观察生活，多方面地增进语文积累，丰富自己的精神世界、生活经历和情感体验……但愿义务教育语文课程标准未来的修订能将"多读多写"重新请回来，因为"整本书阅读学习任务群"及"表达与交流"永远离不开"多读多写"。

为什么要读整本书？学生怎么阅读整本书？老师怎么进行整本书教学？学生该读哪些书，读到什么程度？老师通过什么方式来评价一个学期、一个学年、一个学段的整本书阅读？这些问题必须有答案，且都应该在课标里找到答案。

一、从"课程理念"里知道，要求学生读整本书是"立足学生核心素养发展，充分发挥语文课程育人功能"，是"增强课程实施的情境性和实践性，促进学习方式变革"，是培养读书兴趣，提高读书品位

二、从"总目标"里知道，读整本书是为了"学会运用多种阅读方法，以具有独立阅读能力。通过阅读日常的书报杂志，养成初步鉴赏文学作品的能力，并能用工具书阅读浅易文言文"

三、从"学段要求"里知道，四个学段都增加了"阅读整本书"，知道每个学段的课外阅读总量。知道每个学段的整本书该读到什么程度

第一学段的，要用自己喜欢的方式向他人介绍读过的书，养成爱护图书的习惯。

第二学段的，能初步理解主要内容，主动和同学分享自己的阅读感受。

第三学段的，能把握文本的主要内容，积极向同学推荐并说明理由。

第四学段是每学年阅读两三部名著，探索个性化的阅读方法，分享阅读感受，开展专题探究，建构阅读整本书的经验。感受经典名著的艺术魅力，丰富自己的精神世界。能利用图书馆、网络搜集自己需要的信息和资料，帮助阅读。学会制订自己的阅读计划，广泛阅读各种类型的读物。

四、整本书教学"课程内容"

一是知道"整本书学习"属于拓展型学习任务群；二是知道为什么要有整本书学习任务群（旨在引导学生在语文实践活动中，根据阅读目的和兴趣选择合适的图书，制订阅读计划，综合运用多种方法阅读

整本书；借助多种方式分享阅读心得，交流研讨阅读中的问题，积累整本书阅读经验，养成良好阅读习惯，提高整体认知能力，丰富精神世界）；三是知道了每个学段读什么书，为什么要读这些书；四是知道整本书教学的注意事项。

第一学段：读图画书、儿歌集、童话书。体会读书的快乐，感受儿歌的韵味和童趣，想象故事中的画面，学习讲述书中的故事。

第二学段：读英雄模范事迹类书、儿童文学名著、中国古今寓言、中国神话传说等。讲述英雄模范的动人故事；感受作品传达的真善美，用自己喜欢的方式讲述故事大意；学习其中蕴含的中华智慧，口头或书面分享自己获得的启示。

第三学段：读革命传统类书、文学书、科普书、科幻书。讲述自己感受到的家国情怀和爱国精神；学习梳理作品的基本内容，针对作品中感兴趣的话题展开交流；梳理、反思小学阶段的阅读生活，运用口头或书面方式与同学分享自己整本书阅读的经历、体会和阅读方法。

第四学段：读革命文学类书、古今中外诗歌集、中长篇小说、散文集等文学名著。体会、评析革命领袖、革命英雄的爱国精神和人格魅力；根据阅读进度完成读书笔记，针对作品的语言、形象、主题等方面的话题展开研讨；开展多样的读书活动，借助多种媒介讲述、推荐自己喜欢的名著，说明推荐理由；尝试改编名著中的精彩片段；结合自己的阅读体会，尝试撰写文学鉴赏文章。

**五、整本书学习任务群实施需要注意哪些问题**

课程标准共用4个段落来解答这个难题。理一理，共10条。

1. 应统筹安排阅读活动，每学期集中使用整本书阅读课时，保证学生在课堂上有时间阅读整本书。

2. 选好书，合理规划阅读时间。

3. 创设自由、快乐阅读及分享的氛围；及时发现、组织交流与分享学生阅读整本书的成功经验；善于发现、保护和支持学生阅读中的独到见解。

4. 以学生自主阅读活动为主。

5. 用多种策略阅读，用浏览、略读、精读等方法通读整本书，了解主要内容，关注整体与局部、局部与局部之间的关系，重视序言、目录等部分。

6. 设计、组织多样的语文实践活动，建立读书共同体，交流读书心得，分享阅读经验。

7. 根据需要，合理推荐和利用适宜的学习资源。

8. 借助信息技术为学生拓展学习空间，提供写作、展示、研讨和交流的平台。

9. 注意考察阅读整本书的全过程，以学生的阅读态度、阅读方法和读书笔记等为依据进行评价。

10. 围绕读书的主要环节编制评价量表，制作阅读反思单，引导学生从阅读方法、阅读习惯等方面进行自我反思、自我改进。

**六、从学业评价看，通过整本书教学，学生应该达到怎样的水平**

新课标讲得非常清楚。小学三个学段学生应该达到如下的水平。

第一学段：喜欢阅读图画书、儿歌、童话、寓言等，在阅读过程中能根据提示提取文本的显性信息，通过关键词句说出事物的特点，作简单推测；愿意向他人讲述读过的故事，乐于向他人展示自己的作品；喜欢积累优美的词句，并尝试在口头和书面表达中运用。愿意为他人朗读自己喜欢的语段；朗读时能使用普通话，注意发音；注意用语气、语调和节奏表现对文本的理解和感受；愿意和同学交流朗读体验，能简单评价他人的朗读；喜欢阅读故事，并与他人讨论。

第二学段：喜爱阅读童话、寓言、神话等，在阅读过程中能提取主要信息，借助阅读经验和生活经验预测情节发展；乐于和他人分享阅读所得，乐于参与读书交流活动；主动阅读成语故事、寓言故事、神话故事、革命英雄故事等叙事性作品，能向他人讲述主要内容；能用自己喜欢的形式记录阅读感受与生活体验；参加文学体验活动，能记录活动过程，表达自己的感受。

第三学段：独立阅读散文、小说、诗歌等文学作品，在阅读过程中能获取主要内容，用朗读、复述等自己擅长的方式呈现对作品内容的理解；能与他人分享阅读作品并获得的有益启示，有意识地运用积累的语言进行口头或书面表达；能主动阅读体现社会主义先进文化、革命文化、中华优秀传统文化的作品，在阅读、参观、访问过程中，结合具体内容或时代背景丰富对作品内涵的理解；能用多种方式记录、分享阅读、参观、访问的经历、见闻和心得体会；参加文学体验活动，能够围绕发现的问题搜集资料、整理相关的观点与看法，结合学习积累和经验，初步形成自己的理解和认识；能写读书笔记。

**七、如何实施整本书阅读教学**

在"课程实施"中新课标给予了以下建议。

1. 教学建议：提供多层面、多角度的阅读的机会；正确认识信息技术对阅读习惯等可能产生的影响，扬长避短，适度使用，避免网络沉溺。

2. 评价建议：过程性评价——可通过课堂观察、对话交流、小组分享、学习反思等方式，收集和整理学生读书的过程性表现材料，记录学生核心素养发展的典型表现。阶段性评价建议——阶段性评价可以根据不同情况灵活选择评价手段，用非纸笔测试，即采用读书笔记、读书报告会、读书分享会等方式引导学生高质量完成整本书的阅读。

3. 教材编写建议：把整本书阅读作为教材的重要有机组成部分，精选兼具思想性、艺术性和学段适应性的典范作品，以整本书阅读兴趣、阅读习惯的培养为基础，让学生逐渐建构不同类型整本书阅读经验；教材要组织和选取原著部分文本和辅助性阅读材料，创设综合型、阶梯式的学习问题和交流活动，提高学生理解和评价能力。其他学习任务群阅读材料的选择也要适当兼顾整本书。这一建议很新颖，一线老师还很难以此设想一个学期一本书的教材该是怎样的。

### 八、整本书教学对老师有哪些要求

语文老师要养成良好的读书习惯，不断丰富语言学、文学、教育学、心理学等方面的知识，注重中华优秀传统文化积累，提升自身文化修养。

### 九、附录中"关于课内外读物的建议"

一是义务教育阶段要激发学生读书兴趣，要求学生多读书、读好书、读整本书，养成良好的读书习惯，积累整本书阅读的经验；二是明确阅读材料，这些读物一部分是整本书阅读等学习任务群的内容，一部分是推荐给学生的课外阅读材料。

新课程标准不到 5 万字，关于"整本书阅读及教学"共 6000 多字。反复阅读这 6000 多字，整理成上面 9 条，接下来，我该做什么也清晰了。一要确定每个年级学生该读哪些书，要形成"我的学生阅读书单"。过去，我创造的"1525＋N 多读多写课程体系""'读写等身'评价方式""图画书创意读写""桥梁书创意读写""较厚的经典童书创意读写"仍然适合。因为这一次课标非常重视中华优秀传统文化、革命文化、社会主义先进文化，那就要把这三种文化的图画书、桥梁书、较厚的书放到书单中。二要加紧研究整本书，因为每个学期肯定有

"整本书阅读"的固定单元，教材给定的时间肯定不是现在的两节课，要赶紧学会分化课时，即要尝试用6~12课时来教一本书。适合小学的书目已经非常清楚了，比如《小英雄雨来》《爱的教育》《童年》《安徒生童话》《格林童话》《稻草人》《宝葫芦的秘密》《伊索寓言》《雷锋的故事》等书，都可以研究起来了。真的不能等新教材来了再研究。整本书教学比一篇课文复杂多了，不提前准备，到时候肯定是"抓瞎"。三要明白，即使纸质测试不考"整本书"这一内容，也必须得教好，不考"整本书"，老师很容易简单地按照课本来教了，这样的事不能在我身上发生。四是要想教好"整本书"，不管是图画书，还是其他类型的书，都需要老师有一定的理论基础，都需要老师有更专业的思维。如何做到？这类书有很多，在新教材出来之前，无论如何也要读上几本。如果不愿意读，那就要发挥自己的智慧，用好自己的大脑去教、去写，创作一本这样的书，让他人来读。

5月9日
星期日
关键词：图画书

# 图画书走进课标，你准备好了吗？

## 一、"图画书"走进新课标

图画书在《义务教育语文课程标准（2022年版）》中出现了3次：一是在"文学阅读与创意表达学习任务群"第一学段"学习内容"第3条：

学习儿歌、童话，阅读图画书，体会童真童趣，感受多姿多彩的生活，初步体验文学阅读的乐趣。

二是在"整本书阅读学习任务群"第一学段"学习内容"第1条：

阅读富有童趣的图画书等浅易的读物，体会读书的快乐。

三是在"学业质量描述"第一学段中说：

喜欢阅读图画书、儿歌、童话、寓言等。

这都是在落实第一学段要求："尝试阅读整本书，用自己喜欢的方式向他人介绍读过的书。养成爱护图书的习惯。"

图画书，日本叫绘本，这一次课标用了美国的"图画书"的说法。图画书公认的定义是一种独特的儿童文学类型（应该有400多年历史），它不同于我们平时所称的"图画读物""图画故事""连环画""小人书"，同一般带插图的书也不相同。在图画书中，图画是主体，具有讲述故事的功能，它本身就承担着叙事抒情、表情达意的任务。而一般故事书中的插图只是使故事更形象直观的辅助手段。日本图画书研究者松居直也曾用"文＋画＝带插图的书、文×画＝图画书"来说明带插图的书与图画书的区别。图画书中高质量的图与文，对培养孩子的认知能力、观察能力、沟通能力、想象力、创造力，还有情感发育等，都有着难以估量的潜移默化的影响。图画书是最适合孩子阅读的图书形式。如果家长、老师能有意识地选择一些优秀的图画书和孩子们一起阅读，既有助于帮助孩子建构精神世界，促进心智化发展，又有助于培养孩子良好的道德品质和行为习惯。善加使用，可以在人的一生中起着良好的奠基作用。让孩子尽早接触高水准的图与文，他们就会在读故事中品味绘画艺术，会在欣赏图画中认识文字、理解文学。这是一种让眼睛享受、让心灵愉悦、让精神提升的美妙体验。

图画书走进第一学段了，怎么带着孩子读图画书呢？这些年，我国不少热爱图画书的老师早已经开始了这一阅读实践。现在，课程标准中有了这个内容，就意味着我国所有的小学一二年级学生都应该重视图画书阅读。

这几年，我在很多讲座及多篇文章中谈到美国2010年开始实施的《各州核心共同标准》，该标准要求小学生6年读1404本书，占K12年级阅读总量的77.6%，其中1200本是图画书和桥梁书。一位教育杂志主编去英国考察，发现英国1~3年级已经没有英语教材了，全是图画书，每位学生每周要读11本图画书，一年要读500多本呢！从这些数据来看，我们也应该制定第一学段小学生图画书阅读量之目标。虽然新课程标准在阅读量上的要求非常模糊。（两年阅读量如果定在5万字，也可以说不模糊。如果只做5万字的图画书阅读，这个阅读量就太低了）如果我们的学生也能读1000本书，阅读量就在50万~150万字之间。我认为只有达到这个量，学生才能爱上图画书，才能真正地感受到阅读图画书给自己带来的快乐。

有的老师会说，到哪里去找1000本图画书呢？既然课程标准中有图画书了，学校领导就应该为孩子建立真正意义上的"图画书馆"了！另外，市、县、乡镇等社区图书馆都应该重视这一问题，在这方面，我们真的该借鉴日本的做法。好多年前，我就了解到日本的社区都有专门的绘本馆，每个绘本馆馆藏绘本多达50万册呢！进入21世纪，我国500余家出版社出版原创及翻译的图画书已超过两万种了，世界各国的优秀图画书几乎被我们"一网打尽"。所有的小学只要想建图画书馆，买几万册不该有问题。而学校一旦有了图画书，千万别锁在那里不让学生看。要用小推车把一本本图画书按阅读计划推到班级里，让每位同学读起来。哪所学校做到了，哪所学校的学生就是幸福的；哪位语文老师重视了，哪个班级的学生就是幸福的。读一本、读几本图画书不难，最难的是每天拿出20分钟大声读2本图画书给学生听。哪位语文老师敢坚持做这件事，也一定会成为非常优秀的语文老师。

**二、关于图画书教学的思考**

在图画书阅读上，我非常清楚，老师如果没有读过上千本，真的没有办法带着全班读上两年。十多年前，我接受一所大学的邀请，为国培班老师上课。我讲了图画书的读法、教法。听课老师用其课文的教学思维与我争辩起来。争辩到非常火热的时候，我说："因为大家没有读或者读得很少，在这种不对等的情境下我们争辩图画书的教学，意义不大，如果大家读了上千本图画书，你们肯定会彻底放弃今天的说法，到那时候我们的争辩才更有价值。"我的这句话刺激了好几位老师，他们真的去读图画书，真的给自己学生读了很多图画书。他们在不停地阅读中感受到图画书的力量是综合的，也知道了图画书不能用课文的教法来教，因为图画书是书！

一二年级大量阅读图画书还有哪些好处？大凡"玩"过图画书教

学的都知道图画书充满着创意，因为内容包罗万象，话题数不胜数。许多图画书是世界经典，这对3~6年级的创意写作大有裨益，也可以说能让3~6年级学生整体爱上写作。我做图画书创意读写很多年了，我为3~6年级学生上过很多创意写作课，我在《儿童创意写作公开课》（陕西人民教育出版社，2017年5月出版）一书中谈到了很多图画书的创意。我还创造了八堂图画书大课，即3~6年级8个学期，每学期用1节大课引导学生写一个学期的创意作文，坚持8个学期"玩"8组百余本图画书，可以保证让全体学生爱上写作，我把这些经验写成书，由北京师范大学出版社出版。

图画书的阅读方法非常简单——老师大声读给学生听。用足这一方法就能出现奇迹。在大声朗读的过程中，读至中间或快要结束时，停下来让学生猜后面的内容。猜上数百次后，作文的独特结尾就不需要专门训练了。学生听读完一本图画书，还可以让他们讲讲故事，也可以让他们把听到的画成一幅图，在画上写一个字、一个词或一句话，这叫画读后感，可好玩了。

要想教好图画书，在千本图画书的阅读基础上，如果再把《图画书》（彭懿编著）、《图画书宝典》（丹妮丝·I. 马图卡著）、《绘本阅读时代》（方素珍著）、《英语儿童文学史纲》（约翰·洛威·汤森著）、《绘本有什么了不起?》（林美琴著）、《绘本的读写游戏》（林美琴著）、《幸福的种子：亲子共读图画书》（松居直著）、《如何给孩子读绘本》（松居直著）、《松居直喜欢的50本图画书》（松居直著）、《我的图画书论》（松居直著）、《绘本是亲子感情的脐带》（松居直著）、《绘本之力》（河合隼雄、松居直、柳田邦男著）、《说来听听：儿童、阅读与讨论》（艾登·钱伯斯著）、《上好一堂绘本课：小学绘本课程设计的101个方案》（玛丽亚·沃尔瑟著）、《一本读透图画书》（苏菲·范德林登著）等书读了，你肯定能成为图画书教学的高手。

> 5月10日
> 星期一
> 关键词：读书评价

## "整本书"，要不要考？

整本书阅读肯定要进课堂，必须在课堂上讲整本书，当然学业质量也不能少了"整本书"。那整本书阅读要不要进入期末试卷、中考试卷呢？

反复阅读新课标，我想在这里找考"整本书"的理由、考"整本书"的方法，即寻找从哪些方面考、怎么命题等。为什么要这么做？这决定着我们老师怎么教整本书。

我们用统编版小学语文教材有几年了，这套小学语文教材每册都有两页纸的"快乐读书吧"，并配套出版了 44 本书。那老师又是怎么教"快乐读书吧"里的书的？根据我的调查研究，全国绝大多数的小学语文老师只教课本中的那两页纸，绝大多数的学生与老师手中连书都没有。一学期要读的那三四本书，的确都是经典，但这些书大多不是当下学生最喜欢的类型。由于老师也没有读过，也就只能大概讲一讲。即使热爱阅读的优秀教师也没有哪位能用一个学期把那三四本书全部讲完的，能用一两节课讲其中一本书已经相当了不起了！由于当下的中小学语文教材课文量太大了，方方面面的内容太多了，老师根本没有时间详细讲一本书。这一教学现状能否面对试卷中的"整本书"考核？教育主管部门的命题人都知道大多数学生没有读这些书的事实，如果命"整本书"的题，也只能从那"两页纸"的文字来命题，一张试卷最多几分，不少地方索性就不考了。一年不考，两年不考，老师们看得清清楚楚。所以"快乐读书吧"的阅读与教学也就没谁当回事了！

而对新课标理念下的整本书阅读学习任务群，老师还会像原来那样教吗？如果还这样考，其教肯定还会相当简单。如果不考，很有可能又是新形式的不教。那新课标对整本书阅读的评价又有怎样的建议呢？在过程性评价原则中，可以发现这样的原则：

收集和整理学生语文学习的过程性表现，如学生日常写字、读书等方面的材料，记录学生核心素养发展的典型表现。应重视增值评价，避免用评价结果的简单比较衡量学生的学业表现。

在课堂教学评价建议中，没有关于"读书"的建议，只是要求老师应树立"教学评"一体化的意识……妥善运用评价语言，注重鼓励学生，激发学习积极性。在作业评价建议中，也没有明确的"整本书阅读"作业评价。但阶段性评价建议中非常详细地写了"整本书阅读"的阶段性评价：一是明确了读书交流是非纸笔测试，与诵读、演讲、书写展示、戏剧表演、调查访谈等一样，都属于非纸笔测试；二是非常明确地告诉我们，采用"读书笔记、读书报告会、读书分享会等方式引导学生高质量完成整本书的阅读"。有了这些文字，就可以勾画出整本书阅读的引导框架了。

那"学业水平考试"会不会考"整本书"呢？读新课标第49~51页"学业水平考试"，1587个字没有提到考"整本书"，因为学业水平考试谈的是纸笔测试。虽然"整本书阅读"属于"阅读与鉴赏"学段要求，"阅读与鉴赏"也是学业水平考试的主体部分，但课标制定者没有说要考"整本书"。关于试卷编制,还有综合型题目或任务型题目,其要求是充分体现阅读与鉴赏、表达与交流、梳理与探究的整合,在命题材料和社会生活实际之间找到结合点……仍然没有提到在"整本书"里找结合点。

面对这些文字,我得出了"纸笔考试不考整本书"的结论,相信所有的一线老师也跟我一样。假如命题者与我们一线老师共同有这个发现:纸笔考试既然不出现"整本书",未来整本书阅读,很有可能会再次流于不读或简单读的形式。这真是个两难问题。

考什么教什么,不考绝对不教。这一真实的教学现状怎么改?谁来改?

读书破万卷,下笔如有神。读万卷书,行万里路。没有一个语文老师不知道这两句名言的,所有的语文老师在一届届学生面前,不知道把这两句名言说过多少遍了。说是说,做是做。分数第一,大家只能光说不做了。

大量阅读整本书能不能考出好的分数?当然能了!但这不是立竿见影的事。反反复复地做题,成绩变化则很明显!大凡知道并阅读、研究 PISA 测试有关资讯的,应该知道以下研究与成果。2000 年,第一次 PISA 测试之后,PISA 研发专家安德烈亚斯·施莱歇尔发现,家庭环境对学生成绩有极大的影响。他想更深入了解、研究被测试者的家庭如何对教育产生影响,因此试图让所有参与 PISA 测试的国家进行对考生父母的调查。一直到 2009 年他才成功说服 13 个国家和地区,那一年有 5000 位学生家长参加测试,测试结果如下。

(1) 孩子在小的时候,这些父母每天或几乎每天都陪着孩子阅读,于是等到 15 岁时,他们的阅读能力普遍要高出同龄人,无论在哪个国家都是如此。

（2）在新西兰和德国，在小学时，有家长定期陪伴阅读的学生要比那些没有家长陪伴阅读的学生在学习进度上领先至少一年半左右。

（3）当孩子年幼时，如果父母每周或每天能读书给孩子听，所培养出来的孩子成长到 15 岁时，其 PISA 得分普遍比同龄孩子要高出 25 分左右。

（4）在经济条件相同的情况下，陪孩子阅读的父母所培养出的孩子在 PISA 上得分往往比少陪孩子阅读的父母培养的孩子高出大约 14 分。

（5）在经合组织成员国中，家庭社会经济背景更优越（收入最顶端的七分之一）的学生阅读平均成绩比来自普通家庭的学生阅读平均成绩高 38 分；而在新西兰、法国，富裕学生与贫困学生之间的成绩差距高达 50 分。

我们从这一成果中得到什么启示？12 岁前的大量阅读到中学才能看到变化。

这几年，我应邀为不少学校讲整本书阅读。我一直从写作、创意写作的视角讲"整本书"。比如《安徒生童话》，我带着学生读完之后，给他们上了一节《怎么写童话呢——安徒生教我们写童话》的课，按照常规，回忆 11 个故事，讨论几个问题后，就把我的阅读收获呈现在学生面前：

**人人都能写童话**
——读《安徒生童话》有感
高子阳

只要你能——

把它们变成"他们"

让鸭鸡狗猫野天鹅等
所有动物——爱说爱笑
让雏菊郁金香等
所有的花——会问会想
让枞树玫瑰树桦树等
所有的树——善思善辩
让锡兵等
所有玩具——有情有爱
把它们变成"他们"
你就是童话作家

弗林奇给安徒生寄三张画片
让他选一张创作故事
安徒生看了看
火柴 女孩 圣诞
世界就有了一篇童话名篇

你的家中肯定有好多照片
选一张 看一看 想一想
肯定会发现三个词
用它们创作一篇童话
你肯定没有问题

安徒生特别喜欢
好朋友的女儿意达

他让小意达与大学生对话
太美了，太有诗意了！

亲爱的同学们
你肯定有最喜欢的人
别小气
赶紧把他写进
你的童话故事里

安徒生有个性
评论家批评他的作品
连最好的朋友都说
他不适宜写童话
安徒生说："就写，就写，越批评我越写！"
《丑小鸭》一写完，心情好了

批评他的人继续批评
怎么办？那就把他们写进故事里
让他们变成只会乱想什么都不能做的"蜗牛"
安徒生说自己就是那棵
不停止开花的玫瑰树

安徒生最喜欢创造"幸福"
丑小鸭变成了天鹅——幸福不？幸福！
亚麻变成纸、纸上被人写了故事——幸福不？幸福！

老头子总是对的——幸福不？幸福！

拇指姑娘嫁给了王子——幸福不？幸福！

十一只野天鹅哥哥恢复了人形——幸福不？幸福！

亲爱的同学们

你们个个都幸福

把幸福的事写下来

那才是真正的幸福

这样教，学生会有哪些变化？他们会接着把《安徒生童话全集》读了，还会读更多名家的童话故事，最最重要的也能写一篇篇长长的童话了。这，难道不是分数吗？

整本书阅读给予学生的是高分，是非常高的分。即使中、高考试卷上没有"整本书"的题，只要12岁前读完2000本以上的书，中学6年能保证每周读一本书，不仅语文学科的高分不用愁，其他学科的高分也会有。其实真正的整本书阅读，一定是跨学科学习。所以，做好整本书阅读，引导学生大量读整本书，各学科成绩都会提高。

不要单独地考"整本书"，放手让学生多读整本书，坚决执行"整本书"的非纸笔测试，足够了！

5月11日
星期二
关键词：跨学科

# 跨学科学习，你准备好了吗？

## 一、什么是跨学科学习

什么是跨学科学习？赵传栋先生在其著作《跨学科学习：神奇的学科跨越》（上海远东出版社，2020年4月版）中说："传统的分科学习中，各门学科知识条块分割，互不干涉。学生各学科的知识体系也相对独立，缺少系统的融合互通，影响学生对问题的综合思考和协调处理。跨学科学习就是要打破这种各学科之间'鸡犬之声相闻，老死不相往来'的现状，让学生能综合运用各学科知识，举一反三地解决遇到的实际问题。"这本书号称是我国第一本全面、系统研究中小学生跨学科学习的书籍，填补了该研究领域的一项空白。

如何进行跨学科学习？一是确定值得深入学习的大问题。跨学科学习要从一个点入手，这个点要能涉猎其他学科领域。这是进行跨学科学习的第一步。二是找到自己的兴趣"点"。没有兴趣，是无法进行更大范围的跨学科学习的。三是必须精准掌握至少一门学科的知识。要至少掌握一个学科的基础知识，熟悉该学科的基本方法、各类理论、相关问题、解决办法等，如此才能将这门学科的知识和能力迁移到其他学科。四是多交流多沟通，取长补短，实现知识在不同合作者之间频繁而密集的流动、转换，从而实现知识创新。但这四条路径看来很难适合语文课程标准中的"跨学科学习任务群"。

有没有更多的关于跨学科学习的文献？我在有关网站搜索，发现已有不少成果了，比如《跨学科的项目化学习："4+1"课程实践手册》（第2版，张悦颖、夏雪梅著）、《跨学科项目式教学：通过"+1"教学法进行计划、管理和评估》（阿卡西娅·M. 沃伦著）、《行走的教室——跨学科深度学习新空间》（刘爱国著）、《中小学STEAM项目学习课程手册跨学科主题进阶》（郭海骏等编著）。看来，跨学科学习已有了先行者，但还需要更多的跨学科学习的实践者跟上。

读《义务教育课程方案（2022年版）》，知道这一次颁布的16门课程标准都有跨学科学习，这说明中小学各学科老师都要进行跨学科学习，这是从未有过的全体中小学老师共同参与的一项改革，这项教学改革会有怎样的成果呢？现在还无法预测。

**二、如何开展跨学科学习**

每个学段的跨学科学习主题及初步步骤有哪些呢？根据课标里"跨学科学习任务群"的"学习内容"，9年期间共通过14个主题来实施跨学科学习。我以"主题名称"及"实施步骤"对14个主题"学习内容"进行了梳理，梳理完，9年时间如何开展"跨学科学习"瞬间明朗起来，该做什么，怎么做，清清楚楚，明明白白。

（一）每个学段跨学科学习主题

1. 第一学段（1~2年级），通过三个主题实施跨学科学习。

一是围绕爱图书、爱文具、爱学习等主题开展跨学科学习,以养成爱书、爱文具的好习惯。如何开展这一主题下的跨学科学习?第一步:走进图书馆、阅览室、书店、文具店;第二步:借用、购买、整理图书和文具;第三步:在相关过程中,学习识字、说话、计算、设计、美化;第四步:学习与他人沟通、交流。

二是在班级、学校或家里养护一种绿植或者小动物,开展跨学科学习。第一步:养绿植或小动物;第二步:综合运用语文、科学、数学等多学科知识来养护;第三步:学习日常观察和记录。(很遗憾,没有要求学生写报告。学习日常观察和记录是什么形式呢?是日记吗?)

三是参与学校、社区举办的节日和风俗活动,进行跨学科学习。第一步:留意身边的传统节日、风俗习惯等文化现象;第二步:参与到活动中去;第三步:感受和学习生活中的中华优秀传统文化。

2. 第二学段(3~4年级),主要是通过三个主题实施跨学科学习。

一是创意设计并主动参与校园活动。第一步:清楚校园活动;第二步:尝试运用科学、艺术、信息科技等相关知识和技能,有创意地设计朗诵会、故事会、戏剧节等校园活动;第三步:主动参与朗诵会、故事会、戏剧节等校园活动。

二是参加学校、社区的主题文化活动,实施跨学科学习。比如参观物质文化遗产,了解非物质文化遗产;关注传统节日节气、民俗风情、民间工艺、历史和传说等;探寻日常生活中龙凤、松竹梅兰等中华文化意象。第一步:积极参加;第二步:要在活动中学习语文,获得多样的文化体验。

三是就调查研讨有关问题,实施跨学科学习。如何开展调查研讨?第一步:选择自己发现和关心的日常语言、行为、校园卫生、交通安全、家庭教育等方面的问题;第二步:实施调查;第三步:充分研讨;

第四步：尝试写出简单的研究报告；第五步：与同学交流。

3. 第三学段（5~6年级），主要是通过三个主题实施跨学科学习。

一是在社团及有关文化活动中开展跨学科学习。第一步：积极参加校园文化社团，参与学校、社区举办的戏曲、书法、篆刻、绘画、刺绣、泥塑、民乐等相关文化活动；第二步：体验、感知、传承中华优秀传统文化；第三步：运用多种形式分享自己的经验与感受。

二是在考察与研学中实施跨学科学习。第一步：综合运用语文、道德与法治、科学、劳动等多方面的知识和技能，通过小组研讨，集体策划考察活动；第二步：集体设计参观考察活动方案；第三步：参与集体考察、研学活动；第四步：运用跨媒介形式分享研学成果。

三是从"人工智能"方面设计未来生活，实施跨学科学习。第一步：学习"人工智能"；第二步：选取衣食住行、学校、地球、太空等某个方面，设计人工智能时代的未来生活；第三步：运用多种形式丰富自己的语言表达；第四步：呈现与分享奇思妙想。

4. 第四学段（7~9年级），通过五个主题实施跨学科学习。

一是科技主题活动的跨学科学习。第一步：参与科技活动；第二步：结合数学、物理、化学、生物学等学科观察、记录、思考；第三步：学习撰写并分享观察、实验研究报告。

二是心理健康等主题跨学科学习。第一步：选择师生共同关心的心理健康、身体素质等问题；第二步：成立并组织小课题组；第三步：设计问卷；第四步：开展校园调查、访谈，统计数据；第五步：分析、撰写、发布调查报告。

三是社会热点问题的跨学科学习。第一步：从环境、安全、人口、资源、公共卫生等方面选择自己感兴趣的社会热点问题；第二步：查找和阅读相关资料，记录重要内容；第三步：列出发言提纲，参加班级讨论。

四是专题式跨学科学习。第一步：选择专题（从"仁爱诚信、天下为公、和谐包容、精忠报国、英勇奋斗、自强不息、明礼守法，以及科学理性、艺术精神等方面选择专题）；第二步：组建小组；第三步：开展学习与研究；第四步：运用多种形式分享学习与研究成果。

五是组建文学艺术社团等主题文化活动，进行跨学科学习。第一步：组建文学艺术社团；第二步：写出策划方案，制作海报；第三步：开展相关文化活动，参与社区文化活动与文化建设，并在参与过程中记录活动过程；第四步：运用多种媒介发布学习成果。

（二）跨学科学习的现状及评价

读《义务教育课程方案（2022年版）》，有多处提到"跨学科主题学习"。

1. 设立跨学科主题学习活动，加强学科间相互关联，带动课程综合化实施，强化实践性要求。

2. 加强课程内容与学生经验、社会生活的联系，强化学科内知识整合，统筹设计综合课程和跨学科主题学习。加强综合课程建设，完善综合课程科目设置，注重培养学生在真实情境中综合运用知识解决问题的能力。开展跨学科主题教学，强化课程协同育人功能。

3. 综合实践活动侧重跨学科研究性学习、社会实践。一至九年级开展班团队活动，内容由学校安排。

4. 原则上，各门课程用不少于10%的课时设计跨学科主题学习。

算一算就知道，语文学科每一年在跨学科学习的课时应该在21~23课时，一个学期要10.5~11.5课时，接近两周。也就是说，教材在跨学科学习任务群上每学期应该按照10.5~11.5的课时来编写。如果一学年编写一次跨学科学习任务群单元,这个单元就要用3个多星期来学习。现在统编版小学语文教材共编写了5个"综合性学习单元":一是三下的"中华传统节日"主题【《9 古诗三首》(《元日》《清明》《九月九日忆山东兄弟》)、《10 纸的发明》、《赵州桥》、《12﹡一幅名扬中外的画》、"语文园地"】;二是四下的"轻叩诗歌大门"主题(《9 短诗三首:繁星(七一)、繁星(一三一)、繁星(一五九)》、《10 绿》、《11 白桦》、《12﹡在天晴了的时候》、"语文园地");三是五下的"遨游汉字王国"【《汉字真有趣》(《字谜七则》《门内添"活"字》《有意思的谐音》《"枇杷"和"琵琶"》《有趣的形声字》)、《我爱你,汉字》(《汉字的字体演变》《甲骨文的发现》《书法欣赏》《制定国家通用语言文字法的必要性》《关于"李"姓的历史和现状的研究报告》)】;四是六下第四单元"奋斗的历程"主题[《古诗三首》(《马诗》《石灰吟》《竹石》)《十六年前的回忆》《为人民服务》《董存瑞舍身炸暗堡》"语文园地"];五是六下"难忘小学生活"主题【《回忆往事》(《老师领进门》《作文上的红双圈》《如何制作成长纪念册》)、《依依惜别》(《我为少男少女们歌唱》《聪明在于学习,天才在于积累——华罗庚1956年在北京大学的演讲》《给家乡孩子的信》《毕业赠言》)】

以第1~3学段的9个跨学科学习主题审视这5个单元,没有一个是跨学科学习,三下、五下的两个主题需要大修改才能使用。跨学科学习单元的教材是什么样子的呢?在教材没有出来之前(2024年秋季开始使用新教材),其实老师们都可以发挥自己的创造性去设计、去实验。即使有了教材,也可以将其作为一个研究项目,根据所教学生的实际需要创造更多的主题,创编相关书籍。

跨学科学习的评价问题是绕不过去的话题。跨学科学习中的"教学提示"第4条重点谈了评价:"评价主要以学生在各类探究活动中的表现，以及活动过程中完成的方案、海报、调研报告、视频资料等学习成果为依据。教师可以针对主要学习环节和内容制订评价量表，邀请相关学科教师、家长、社会人士参与评价。评价要关注学生综合运用多学科知识思考问题、解决问题的态度和能力。评价以鼓励为主，既充分肯定学生的发现和创造，又引导学生自我反思提升，不断提高跨学科学习的质量。"这段话说得非常明确，跨学科学习的评价该从哪些方面做起，看跨学科学习的过程与成果，尤其涉及的报告类文体写作、成果汇报注定是不能出现在纸质测试上的，肯定属于非纸质测试。中考试卷肯定也不能涉及。纸质测试不考，跨学科学习会不会又流于形式？老师会不会继续以考什么教什么，不考坚决不教的思维面对跨学科学习？课程标准制定组的专家们也不知道如何回答这个问题吗？假如出现这样的状况，又该如何解决呢？

  跨学科学习是非常好的学习方式。我们的语文及各门学科必须以这一任务群来学习各门学科，你准备好了吗？

5月12日
星期三
关键词：课文

# 新课标理念下怎么教课文？

为什么想到这个主题？因为新课标与以前不一样，才让我想到了这个主题。

## 一、目前课文通用型目标

现在是六大学习任务群，六大学习任务群里的课文功能肯定是独立的（这种独立也是相对的）。大声读读"语言文字积累与梳理""实用性阅读与交流""文学阅读与创意表达""思辨性阅读与表达""整本书阅读""跨学科学习"，想着自己一年又一年教过的课文，是不是可以把头脑中的那些课文放到不同的"筐"（任务群）里了？《我的伯父鲁迅先生》《宇宙生命之谜》可以放到"实用性阅读与交流"任务群里；《穷人》《在柏林》可以放到"文学阅读与创意表达"任务群里……"玩着玩着"，你肯定会发现"实用性阅读与交流""文学阅读与创意表达""整本书阅读"这几个"筐"里装的课文非常多，"语言文字积累与梳理""思辨性阅读与表达""跨学科学习"这三个"筐"里的课文好少啊！不同"筐"里的课文是什么，肯定与"筐"名有关。

课程标准要求我们从哪些方面教课文？也就是课文的通用型教学要求有哪些？

1. 正确、流利、有感情地朗读课文，默读、复述、背诵、略读课文。

2. 结合上下文和生活实际了解课文中词句的意思，在阅读中积累词语。

3. 认识课文中出现的常用标点符号，在阅读中体会句号、问号、感叹号所表达的不同语气。

4. 能联系上下文，理解词句的意思，体会课文中关键词句表达情意的作用。

5. 能初步把握文章的主要内容，体会文章表达的思想感情。学习圈点、批注等阅读方法。能对课文中不理解的地方提出疑问，乐于与他人讨论交流。

6. 积累课文中的优美词语、精彩句段，以及在课外阅读和生活中获得的语言材料。

7. 能联系上下文和自己的积累，推想课文中有关词句的意思，辨别词语的感情色彩，体会其表达效果。在理解课文的过程中体会顿号与逗号、分号与句号的不同用法。

8. 在阅读中了解文章的表达顺序，体会作者的思想感情，初步领悟文章的基本表达方法。在交流和讨论中，敢于提出看法，做出自己的判断。

以上为第一至三学段的学段课文要求。这就是课文教学要做七件事：一是朗读、默读、复述、背诵课文；二是理解词句及关键句；三是认识标点符号，体会其表达的语气、用法；四是把握课文主要内容；五是提问；六是了解文章的表达顺序，体会思想感情，领悟文章的表达方法；七是积累词语、句段。

9. 能较熟练地运用略读和浏览的方法，扩大阅读范围。在通读课文的基础上，厘清思路，理解、分析主要内容，体味和推敲重要词句在语言环境中的意义和作用。对课文的内容和表达有自己的心得，能提出自己的看法，并能与他人合作，共同探讨、分析、解决疑难问题。

10. 随文学习基本的词汇、语法知识，用以帮助理解课文中的语言难点；了解常用的修辞手法，体会它们在课文中的表达效果。了解课文涉及的重要作家作品知识和文化常识。

11. 在阅读中了解叙述、描写、说明、议论、抒情等表达方式。能区分写实作品与虚构作品，了解诗歌、散文、小说、戏剧等文学样式。

从第四学段的三条学段要求看课文教学，要做六件事：一是略读、浏览、通读课文；二是随文学习词汇、语法知识，了解叙述、描写、说明、议论、抒情等表达方式，了解诗歌、散文、小说、戏剧等文学样式，理解课文中的语言难点；三是厘清思路，理解、分析主要内容，体味、推敲重要词句的意义和作用；四是探讨、分析、解决疑难问题；五是了解常用修辞，体会它们在课文中的表达效果；六是了解作家作品知识和文化常识。

## 二、什么是课文，课文教学的三个任务

把前几部教学大纲、课程标准中的"课文"要求放在一起对比阅读，再想到一篇篇课文，总觉得我们的课文教学问题太多了。那课文到底该教什么呢？我认为要想弄明白这个问题，首先要先搞清楚什么是课文。

中小学语文老师都学过《语文教材教法》课程，这门课程里一定有对"课文"的解释，即课文就是教科书中的正文。这一解释是魏冰

心在民国时期编写国语课本时首次使用的。思考这一解释一定会发现，这一解释太简单了，根本无法回答老师为什么要教一篇篇课文，怎么教一篇篇课文，这一篇篇课文应该教什么等问题。那课文还有其他的解释吗？通过查阅文献，我找到了关于课文的三种解释。

一是"课文"最早记录在南朝时期刘勰的《文心雕龙·指瑕》中，"《雅》《颂》未闻，汉魏莫用，悬领似如可辩，课文了不成义，斯实情讹之所变，文浇之致弊"。西北师范学院教授、古籍整理研究所所长郭晋稀（1916~1998）在其专著《文心雕龙释注十八篇》（1963年出版）中注："课，责也。引申有推求之义。课文，推敲文字。"

二是在明朝儒学大师、军事家、散文家、抗倭英雄唐顺之（1507－1560）的《章孺人传》中有这么一段文字："两弟夜读书，课文夜过半，孺人即又虑其劳以病也。"这个课文是何意呢？是督促读书做文章的意思。

三是中国桦湖文派的创始人、清朝吴敏树（1805－1873）在《业师两先生传》中写道："先生怪其课文有异，召诘之曰：'汝年少，文字当令生嫩秀发，奈何作如许老成状？'"这里的课文却是"窗课"的意思。窗课，旧称私塾中学生习作的诗文。

把"课文"的这三种解释放在一起，既能感受到我国"课文教学发展史"之美妙，又能让我们知道课文教学应该做三件事。一是课文中的字词句段篇等需要推敲。二是不要把课文教成终点，要教成起点，要有课程意识，要让学生去读相关的整本书。我通过大量的研究发现，所有的课文最起码有一本书与其匹配。有的是绘本，有的是较厚的书，有的是不同作者主题相同的书，有的是作者本人的同题书或相关的著作。"课程"的原意就是"跑道"，课文教学拥有课程意识，就是一篇课文基本教学任务完成后，学生能在老师的引领下拿起这些相关的书读起来，读后能讨论，甚至争辩起来。三是每篇课文如果能算作写作的范文，就应该把课文中的写作"范"弄出来，以促使学生做真正的文章。简单地说，把一篇篇课文里藏着的写作智慧找到，让学生用此来做文章。

如果以这三件事来看课程标准的学段要求，你会发现第一至四学段的所有要求其实只做了一件事，就是推敲课文中的字词句段篇。虽然涉及了一点表达，但与课文教学应该做的第三件事相差甚远。

有人会说，所有的课文都得做这三件事吗？答案是必须的！因为少了其中任何一件事，学生课文肯定学不好，进而语文也就难以学好。

有人又说，怎么可能？当下语文教材中的所有课文只能用1~3课时来教，能做好其中一件事就不错了，像略读课文，有可能连一件事都做不完呢！这一说，的确是事实。这也是我国多年来中小学课文教学存在的非常严重的问题。《小学语文教与学》2011年第10期全文转载我的一篇论文《挖坑式教学何时休》。我在十多年前就把用1~3课时教一篇课文定义为"挖坑式教学"。在这篇文章中，我明确指出长期以来的课文教学现状，即教一篇课文挖一个坑，一个学期挖三十个左右的坑，六年挖了三百多个坑，坑坑不出水，课课不通透。

有人会继续追问，这样的教学与"一课一得""长文短教""难文浅教"不背道而驰吗？的确是！关于"一课一得"，研究者太多了，但包括研究者本人估计都难以上出一课一得的语文课。语文是一门综合性很强的学科。一篇课文，生字词要学要得，这是必须的，还有其他的"得"吗？当然有了，句段的理解、文章的意蕴、作者的创作智慧、文章的结构等都属于"须得"的范畴。而许多文章里还藏着诸多未知，好的文章还能诱发学生去研究、思考、讨论、跨学科学习，这些应该属于"大得"之范畴。所以，一篇课文只一得肯定是需要扬弃的教学理念。有人说，如果将"一课一得"理解为"一节课得一个"可不可以呢？如果这么理解，并要求老师教每篇课文都不着急，慢慢地来，通过一节课的学习让学生真能"得一个"。一个学期要上 200 多节语文课，每学期一个个学生各自能得 200 多个清清楚楚的"语文"，这倒是可以的！这样的"一课一得"我绝对不反对。但这样的语文课在中小学里好像也找不到！

关于"长文短教""难文浅教"，无论如何都不能再让这样的理念进入语文课堂。现在正在使用的小学语文教材的确与以前任何一个版本都不一样，长文多了，难文多了。一线老师都清楚，并没有因为那么多的长文、难文的出现而增加语文课时。而这些长文、难文大多是名家之作，如果仅仅是短教、浅教，那长文、难文还有放在教材里的必要吗？如果坚持短、浅的教学，肯定会略去很多属于语文的东西，半生不熟地学了一篇又一篇长文、难文，学生会喜欢这些长文、难文吗？新课程改革反复强调"语文核心素养"，我知道有专家曾对素养这样定义：离开学校，把学校学的东西全忘记，剩下的就是素养。那这些长文、难文，因为教法过快而又简单，学生肯定忘记得很快，到那时他们身上又能剩下多少素养呢？

语文学习永远是个慢工程。不管哪个国家的语文教育专家都该有这种共识。但"长文短教""难文浅教"是非常急的课文教学想法。不少一线老师说，这样的课文教学理念是在拿学生的语文学习开玩笑。

看日本的母语教材：日本一年 3 个学期，每个学期只学 4~6 篇课文，一个学期只写 1 篇作文；看美国、德国、英国等国家，这些国家一年的母语教材只设置 6~8 个单元，每个单元 3~4 篇文章。

关于课文教学该做的第二件事。学一篇课文最起码读一本书，若真能做到，才意味着学生真的奔跑起来了，而这样的课文教学才是进入了最美的境界。学生读完书，如果再来一场大讨论，收获一定满满的。很可惜，这么美的教学情境目前只能存在于想象中。而国外的母语教学早就这样了。做好第二件事有什么价值？其实茅盾文学奖获得者陈忠实先生在《第一次借书与第一次创作》中就告诉我们这一做法值得做。

上到初中二年级，中学语文老师搞了一次改革，把语文分为文学和汉语两种课本。汉语只讲干巴巴的语法，是我最厌烦的一门功课，文学课本收录的尽是古今中外的诗词散文小说名篇，我最喜欢了。

印象最深的一篇课文是《田寡妇看瓜》，这是一篇篇幅很短的小说，作者是赵树理。我学了这篇课文，有一种奇异的惊讶，这些农村里日常见惯的人和事，尤其是乡村人的语言，居然还能写文章，还能进入中学课本，那这些人和事还有这些人说的这些话，我知道的也不少，我也能编这样的故事，写这种小说。

这种念头在心里悄悄萌生，却不敢说出口。穿着一身由母亲纺纱织布再缝制的对襟衣衫和大裆裤，在城市学生中间无处不感觉卑怯的我，如果说出要写小说的话，除了嘲笑再不会有任何结果。我到学校图书馆去了，这是我平生第一次踏进图书馆的门，冲赵树理去的。我很兴奋，真的借到了赵树理的中篇小说单行本《李有才板话》，还有一本短篇小说集，名字记不得了。我读得津津有味，兴趣十足，更加深了读《田寡妇看瓜》时的那种感觉，这些有趣的乡村人和乡村事，几乎在我生活的村子都能找到相应的人。这里应该毫不含糊地说，这是我平生读的第一和第二本小说。

我真的开始写小说了。事也凑巧，这一学期换了一位语文老师，是师范大学中文系刚刚毕业的车老师，不仅热情高，而且有自己的一套教学方法。尤其是作文课，他不规定题目，全由学生自己选题作文，想写什么就写什么。这真是令我鼓舞，便在作文本上写下了短篇小说《桃园风波》，有三四千字或四五千字。我也给我写的几个重要的人物都起了绰号，自然是从赵树理那儿学来的。赵树理的小说里，每个人物都有绰号。故事都是我们村子发生的真实故事，农业生产合作社由初级转入高级，把留给农民的最后一块私有田产——果园也归集体，包括我们家的果园也不例外。在归公的过程中，发生了许多冲突事件，我依一个老太太的事儿写了小说。同样不能忘记的是，这是我写作的第一篇小说，已不同于以往的作文。这年我十五岁。

这几段文字给予我许多思考：一是课文的选择要能唤醒学生知道这篇文章自己也能写；二是课文教学之后要能让学生走进图书馆借书去读；三是课文及整本书的阅读之后能诱发学生真正地参与到写作中来。另外，从这些文字还可以清楚地看出，那时候的陈忠实是一位爱思考的学生。他想了，他去图书馆了，他读了，他后来真的写了。但一个班级里有多少学生能做到这些呢？陈忠实的这一系列做法用现在的专业化术语来说是"自导式学习"（自己引导自己），这方法不是老师教的。如果老师教了《田寡妇看瓜》，带着学生一起读了《李有才板话》，然后思考、讨论、研究这本书，最后带着学生写一篇短篇小说，这个班的语文学习会是怎样的呢？很显然，这样的教学需要很长时间，最起码得两周左右的时间。而这样的教学，我称其为"挖井式教学"（课课学完，如挖了一眼眼孕育人成长的水井），也叫"通透式课文教学"，而这种教学模式带给学生的是科学的母语学习模式。

新课标理念下的课文怎么教？只按课标中的要求教课文，课文的任务最多完成三分之一。要想让学生提高语文成绩，课文的任务得往三分之三完成。这些任务要想全面完成，课程标准应该继续吸纳新的研究成果——用课文的本质教一篇篇课文，减少课文量，让三个任务真正完成。

5月13日
星期四
关键词：新文体

# 新课标中的那些"新文体"

## 一、新课标中的"新文体"

现在还有新文体？没有！现有文体足够用的了，这些年也没发现谁又创造了新的文体。为什么要用易引起歧义的"新文体"来说事呢？答案很简单，过去的教学大纲、课程标准里要求的文体太少，好多最简单、最容易上手、最能让学生爱上写作的文体，课程标准居然没有，或者说轻描淡写地、简单地要求写那么一次。这次新课程标准增加了很多文体写作要求，所以我用这种方式来叙述，以引起老师们的重视。

2001年课程标准，第一～四学段中的"写话、习作、写作、综合性学习"里的文体有：见闻、感受、想象作文、简短书信、便条、简单的记实作文、读书笔记、常见应用文、记叙文、简单的说明文、简单的议论文、日常应用文、简单的研究报告、活动计划、活动总结。

2011年课程标准，第一～四学段中的"写话、习作、写作、综合性学习"里的文体有：见闻、感受、想象作文、简短书信、便条、简单的记实作文、读书笔记、记叙性文章、简单的说明性文章、简单的议论性文章、常见应用文、简单的研究报告、活动计划、活动总结。

2022年课程标准，第一～四学段中的"表达与交流""梳理和探究"及"学习任务群"里的文体有：见闻、感受、想象作文、便条、留言条、请假条、短信息、日记、观察手记、列大纲、创编儿童诗、创编故事、成长故事、观点、专题、启示、改编名著的精彩片断、文学鉴赏、设计人工智能时代的未来生活、脚本、简短的书信、简单的记实作文、读书笔记、记叙性文章、简单的说明性文章、简单的议论性文章、常见应用文、诗歌、小小说、简单的研究报告、活动计划、活动总结、实验研究报告、调查报告、调研报告、续写童话或寓言故事、文学体验文。

只有比较才能发现新课标变化有多大。当然，还有个最容易让学生爱上写作的文体——剧本，没有被新课标重视。有人说，不是有脚本吗？脚本与剧本是有区别的。查查词典，就知道其差异在哪里了。

## 二、美国加州教材写作文体一览

好多年前，我读过美国加利福尼亚州一至五年级的教材，大家不妨看一下这一教材的目录，也许对我们的教学及未来的课程标准修订有点借鉴意义。

**一年级**

第1～4单元（无）

第五单元　个人叙述

第六单元　描写

第七单元　写故事

考　　试　写个人反应（感受）

聚焦戏剧　剧本创作

第八单元　研究报告

## 二年级

第一单元　写故事

第二单元　描写

考　　试　写个人反应（感受）

聚焦寓言　创作寓言故事

第三单元　写友好的书信

第四单元　研究报告

聚焦传记　写作传记

第五单元　第一人称叙述

第六单元　指导类的文章（指导别人去做或自己制作某个东西的文章）

## 三年级

第一单元　写个人记叙文

第二单元　写指导类的文章

聚焦民间、寓言故事（如龟兔赛跑）　创作寓言故事

第三单元　写故事

考　　试　写个人反应（提供阅读材料，写出一两段阅读感受）

第四单元　研究报告

第五单元　描写

聚焦传记　写作传记

第六单元　写劝说类散文

考　　试　写故事（内容：一个学生在学校遇到了难题，说明发生了什么事，他们在什么时候、怎么样去解决这个难题）

## 四年级

第一单元　第一人称叙述

聚焦推理故事：写作推理故事（小说）

第二单元　描写

聚焦戏剧　剧本创作

第三单元　写故事

考　　试　写个人感受

第四单元　写劝说类的文章

聚焦诗歌　写一首诗

第五单元　写带有个人观点的散文

聚焦故事　编写知识小故事（类似于十万个为什么之类的故事）

第六单元　研究报告

考　　试　表达个人观点的散文

**五年级**

第一单元　描写

聚焦故事传说　写夸张荒诞的故事

第二单元　写表达个人观点的散文

聚焦诗歌　创作诗歌

第三单元　写故事

考　　试　写个人感受

第四单元　个人叙述

聚焦戏剧　创作剧本

第五单元　写研究报告

聚焦自传　写作自传

第六单元　写劝说类的文章

考　　试　表达自己的观点（观点为：人们为什么应该或不应该把野生动物当作宠物？针对这个问题写一篇文章，提出自己的看法）

这些目录告诉我们什么呢？一是美国的学校每年（三个学期）只安排6个单元的学习（只有一年级8个单元，而前4个单元也没有具体的写作要求）；二是每一年级都重视"描写"；三是每一年级都有"写故事"的练习；四是每一年级都有"写研究报告"的练习；五是剧本写作练习从一年级就开始，四、五年级还要加强；六是考试以考个人反应、个人感受为主；七是书信写作是从二年级开始的（我们是从四年级开始的）；八是重视诗歌的创作；九是重视写"观点"的文章；十是重视写长文章或书（写传记、自传）……

**三、让学生爱上写作的文体**

我国中小学生害怕写作，这个难题一直没有破解。大量的资料显示，美国、日本、德国等国家的中小学生普遍性地喜欢写作。这是为什么呢？这里面的原因非常多。仅仅从文体方面相信就能找到部分原因。下面是几种文体写作的教学设想。

（一）剧本写作的教学

百年来，我国小学生作文从来没有要求学生写过剧本。也许成人们认为这一文体不适合孩子。即使全国各地学校每年都有课本剧表演、比赛，其剧本也是老师改写的，学生连改写的机会都没有，创作剧本就免谈了。

看美国多个州的英语语言艺术教材，都是从小学一年级就开始引导学生写剧本。一年级教材中明确告诉学生剧本是世界上最好写的文章；四年级教材中明确告诉学生剧本是世界上最赚钱的文章，你所写的剧本一旦被好莱坞采纳，你想象不到版税有多高；六年级教材中告诉学生美国历史上只有一位高中生的剧本被好莱坞采纳。

好莱坞的大片，大家喜欢与否不需要我多说。我国的电影经过几代导演的努力的确变化很大，好电影也有不少了，但与好莱坞的影片相比差距还是有的。这是否与我国一直没有从小学开始就让学生写剧本，没有这方面的人才储备有关呢？好剧本不一定能拍成好电影，但没有好剧本永远不会有好电影。

我国小学低年级写作叫"写话"。其实剧本也是写话。为什么美国学生爱写剧本，我们的学生对写话没有什么感觉？我们以降低写作要求的思维安排第一学段的学生写话，美国一二年级学生难道就比我们聪明吗？

美国小学一年级的剧本写作教材是怎么编写的？不复杂，就直接告诉学生，把与父母、同学所说的话记下来就行了，演一演就知道自己写下来的对话就是剧本。假如我们小学一二年级也要求学生写这样的剧本，经常玩一玩，演一演，难道不行吗？

这不是说我们的教材编写有问题，当下小学语文教材所编写的"写话"是课程标准的落实，新课程标准明确要求写话。其实借用剧本的方式让学生写真正的话，远远比我们课本中的那种写话训练更能让学生感受到写作不难。

现在家家有手机，一家人在一起说话，录下来，整理一下，就是一个剧本。隔三岔五地"玩一玩"，两年时间"玩"几十次，一二年级的学生就会因此爱上写作。这难道不是理想型写作教育吗？这也是完全可以操作的一种引领。

四年级时美国的教材告诉学生，剧本是世界上最赚钱的文章，不是让学生拜金，而是告诉学生写好剧本是养活自己及家人的一个途径。剧本被采纳剧本获得的版税肯定是很高的，但老师不得不告诉学生写简单的一两页的剧本是永远不会被采纳的。这时老师就要带学生进入图书馆看看一部电影的剧本是什么样子的，一部电视剧的剧本是什么样子的。（绝大多数老师没有见过电影、电视剧剧本）这么长的剧本并没有吓倒学生，反而让他们清楚要写长文章了。所以，到美国考察过基础教育的，或者读过黄全愈"素质教育在美国"系列书的老师，一定会知道美国三年级以上的学生一篇作文写十页甚至几十页是很正常的。但我国小学高年级学生、初中生、高中生还一直操练着为了考试的 400、600、800 字左右的作文呢！坚持写剧本，能够把文章情不自禁地写长。长文章都会写了，短文写作还会有多难呢？

有老师会问，有没有办法让三至六年级的学生尝试写写剧本呢？看统编版 12 册教材，不得不说，教材中没有这个安排。看新课程标准可以预测接下来的教材也不会有剧本写作练习。不管有没有，老师可以带着学生做起来，用一个学期"玩一玩"剧本写作。如果你手中有"可爱的鼠小弟"（我国已经翻译出版 26 本了），也可以把这套书改成 26 个剧本。"玩着玩着"就知道剧本写作是非常简单，特别有意思、特别灵活、特别有创意的写作。

在所有文体中，最好写的是剧本（这有点像围棋，入门非常容易，想下好，肯定需要很多年坚持不懈的练习），几个人在一起，你说，我说，他说，把说的话录下来转成文字，去掉一些重复的语词等，就是一个剧本。多练练、多"玩玩"这个剧本写作，也是降低写作恐惧感的有效手段，让学生不再害怕写作。

（二）报告类文体的教学

我国 12 年基础教育，读书报告、调查报告、研究报告等写作一直没有好好进行，即使有，也只是偶尔一次。比如统编版小学语文教材在五年级下册综合性学习中出现了《关于"李"姓的历史和现状的研究报告》范文，讲述了研究报告的写作要点。在范文后面有个泡泡图，泡泡图里面的文字是："我也要搜集资料，把感兴趣的内容写成一份研究性报告……"学生会不会写，写得怎么样？有没有老师在公开课上教过？我至今没有听过这样的公开课。多年来，我们重视写记叙性文体、说明性文体、议论性文体、应用性文体、非连续性文本的习作。我们不做读书报告，只写简单的读后感，像调查报告、研究报告也只是偶尔简单且没有什么规范地做几次，这种缺失对我们国家整体性的创造创新等有没有影响呢？答案是肯定的。

有人会说，小学生没有必要写这些成人化的文章。这样的观点是不正确的。美国等许多国家的学生是从小学生一年级开始写调查报告、读书报告、研究报告的，每学期或每学年一次，如果不做，未来申请读大学肯定受影响，这是成长档案中非常重要的内容。12年的这一写作能培养学生哪些能力？读书、思考、科研、发现、创作、创新、解决问题等自主学习、自导学习的能力。

英、美等国家的小学生是怎么做研究报告的？有一本图画书叫《我的绵羊是个大麻烦》。这是一部奇特的书，是一部创意无限的书。这本书是英国儿童文学作家珍妮·伯索尔与美国作家哈利·布里斯共同创作的。以下是书中主人公格斯·W完成的课后作业，是一篇研究报告，非常特别、非常有趣。

我最喜欢的宠物是绵羊。我们的院子里一共有17只绵羊。17只绵羊用"绵羊"表示，不用说"绵羊们"。

绵羊男孩子叫"公羊"，他长着一对犄角。那犄角可除不掉。

绵羊女孩叫"母羊"。如果对她说："嘿，母羊！"她才不答应呢！你就算大喊大叫也没用。

绵羊宝宝叫"小羊羔"。如果你把弟弟和小羊羔换一换，你妈妈可能就会说："萨米怎么被干草盖着？"

要是在绵羊头上裹着睡衣，那他们看起来就会有点儿愚蠢，特别是裹着你的弟弟最爱的那件海豚睡衣。

要是系上围巾,他们也会变得傻乎乎,而且还会把围巾毁掉。你妈妈会说:"格斯,那不是你丢了围巾之后,斯莫林斯基夫人借给你的那条吗?"

绵羊住在外面,就算是下雨天也不回家。要是你用一只绵羊当雨伞,你爸爸会说:"好家伙,格斯!你怎么把自己搞得这么脏?"

绵羊长着羊毛,而不是头发。如果你剪下一些羊毛,你妈妈会严厉地呵斥说:"格斯,立刻把剪刀给我,你该懂事了。"

你个头太大,不能骑在羊身上。你弟弟当然也不行。他会哇哇大哭,你爸爸会埋怨:"格斯,你想什么呢?"

无论你教多久,绵羊都学不会玩滑板。他们也学不会骑车。他们还学不会爬树。

你绝不可能把绵羊放进独轮手推车里面。

你也不可能把他们放进小轿车,再大的小轿车也不行。

你可以让绵羊去你家。

他们不会喜欢厨房的。

他们会把地毯当成草,并且会努力地吃掉。

他们还会去嚼你妈妈的兰花。

他们不会吃掉你的弟弟。不过,你弟弟还是会大声哭喊。你妈妈会吃惊地叫道:"我们在楼上才不过一分钟。"

你可以告诉他们,这都是你弟弟的错。到头来,你会被赶进自己的房间。这时,你爸会说:"格斯,你这次太离谱了。"

之后,你爸爸会来到你的房间并说道:"格斯,今天下午不允许你从窗户溜出去和绵羊说话!"

老师的评语:字写得有进步,格斯。请转告你的妈妈,感谢她赠送

的巧克力和新围巾。——斯莫林斯基夫人

这个研究报告老师是怎么评价的?

B+

小学生最初写的研究报告就是这样的,应该是相当鲜活的。当然,这与成人的研究报告肯定不一样。但没有这种研究报告的写作与喜爱,哪会有后来的规范化研究报告的产生?

我教小学那么多年,只在六年级让学生写过一次调查报告。调查内容还不敢复杂,只是让学生调查家庭成员读书情况,然后写一篇文章,我也不敢叫读书报告,因为我不能给他们一个规范的格式。英、美等国家学生写这些报告性文体,宽泛的要求只限于一二年级,从三年级开始,学校对这些报告类文体就有了明确的格式规范。下面是我的学生孙铎菲的作品。

## 关于家庭成员读书情况调查报告

这是我统计的家庭成员读书情况:

爸爸表示自己也不太清楚,好像挺久没看书了。在我的印象里也是如此,所以我记爸爸一年读书0本。

接下来是妈妈。她说自己去年大概看了二十多本书。我回忆了一下,去年看到过妈妈读书的时候的确不少,估摸着我记妈妈这一年读书25本。

然后是姐姐。姐姐今年初二了,电话那头的她表示一年差不多读一百本书。以前,经常听老妈说姐姐特别爱看书,果然如此。我立即写下姐姐一年读书100本。

我自己感觉在同龄人中读书算较少的,一年中少的时候只读六七十本书,多的时候有100多本,我就取了中间数,记一年读书80本。

比下来，我爸爸是最不喜欢读书的。他平时的时间第一是花在工作上，二是花在睡觉上，三是花在"抖音"上。听长辈说，他从小就不爱学习，更别说读什么课外书了。我也挺"佩服"我爸爸的。

姐姐是最喜欢读书的。这一点在平时就体现出来了，她的学习成绩一直名列前茅，而且非常有气质，有一种大家闺秀的感觉。所以妈妈经常让我好好学学姐姐。姐姐喜欢读书跟妈妈也有关系。妈妈是一名初中数学老师，也喜欢读书，从而影响了姐姐吧。

统计结果进一步说明，我们家还算不上爱读书的家庭。

这是一篇不错的文章，但与真正的调查报告相比，问题在格式上。有人会说，这要求太高了。其实英、美等国家从三年级开始，对小学生所写的调查报告、研究报告、读书报告、论文等，格式上要求非常严格。有人说这不是教小学生写八股文吗？从格式看，的确像；从内容看，根本不是八股文。文体格式必须规范。调查报告的格式是怎样的？网上可以查到很多，大概样式是这样的：

（1）规范的标题。基本格式为"××关于××××的调查报告""关于××××的调查报告""××××调查"等。也可以是自由式标题，比如正副题结合使用。

（2）正文。正文一般分前言、主体、结尾三部分。

①精练概括、直切主题的前言。前言起到画龙点睛的作用。写明调查的起因或目的、时间和地点、对象或范围、经过与方法，以及人员组成等调查本身的情况，说出最重要的问题及结论来。

②主体。这是调查报告最主要的部分，这部分详述调查研究的基本情况、做法、经验，以及分析调查研究所得材料中得出的各种具体认识、观点和基本结论。

③结尾。提出解决问题的方法、建议，或总结全文的主要观点，或提出问题引发人们的进一步思考，或展望前景发出鼓舞和号召等。

我们的教材只是偶尔让学生写一写研究性报告，教材编写也不算规范。不少国家与地区的母语教材都非常明确地编入了读书报告、调查报告的格式，还明确告诉学生写读书报告、研究报告，后面一定要注明资料来源，所用文献必须一一列出。但愿这种最有价值的写作能成为我们每个年级的教学常态，每一年最起码做一次，到高三为止。

新课程标准把报告类文章写作放在了"梳理与探究"学段要求里，放在了"综合性学习"里。由于我们不是年年写，考试又不考，与升学也没有多大关系，这么好的文体很有可能再次被老师们彻底放弃。

（三）写故事的教学

美国为什么这么重视写故事？道理不难理解，其实每个人的每一天都在故事里，都在创造故事。也就是说，故事是人人能写的文体。由于我们的单元习作主题特别多，训练点多，今天写这个，训练这一思维，明天写那个，训练那一思维，久而久之，我们忘记了最简单的、人人都可以做的写故事。

有一本书叫《作文就是写故事》（李崇健著），这是一部让人震撼的作文教学法。面对学生写不出来、不喜欢写、文字口语化、组织能力不佳、文章格局不大等诟病，李崇建老师通过一个个有趣的故事与讨论的方式，让"烂作文"搭配上创意，完全颠覆"起承转合"传统作文老套教学法，一个个故事就被学生轻轻松松地写了出来。

（四）写观点的教学

什么是观点？词典中这样解释：从一定的立场或角度出发，对事物或问题所持的看法。这一解释是不是很高大上？小孩子有没有观点？人民教育家陶行知说："人人都说小孩小，其实小孩并不小。你若再说小孩小，便比小孩还要小。"别以为你是大人就有观点！其实小孩子的观点很多时候远远超过大人。为什么上了几年学，孩子们好像大都没了观点？对身边的人、事、物大都不发表看法了？对很多问题不敢也不愿意评说了？原因很简单，他们被成人的若干做法束缚了。

读曹勇军、傅丹灵合著的《中美写作教学对话十五讲》（上海教育出版社，2018年4月出版）一书，知道美国中小学绝对不做那种低层次思维的死记硬背的事，知道我国初高中大面积地用"宿构、套作"在教作文，学生虽然能得高分，但是他们真的不会爱上写作。我国学生以此写出来的文章在一些国家看来就是抄袭，是严重的学术不端。

"宿构"出自南朝刘勰《文心雕龙·神思》："子建援牍如口诵，仲宣举笔似宿构"。（"仲宣"：王粲，字仲，三国时文学家。《三国志·魏书·王粲传》说他"善作文，举笔便成，无所改定，时人常以为宿构"。宿构，预先构思好的。宿，隔夜、旧时的意思）泛指一种因作文的积累不够（语文的常识积累、英语的词句方式积累）而对文章进行"模板"式类似"套作"的行文方式。说得普通一点就是给出一个写作文的模子，无论你出什么文章，我都能以不变应万变，把这文章的题目、重点、论点一一插入这模子的空中，完成文章。整天玩宿构、套作，仅有的那些观点要不了多久便销声匿迹了，人连观点都没有，还能写出啥好文章来？

从小就写观点文，把一个个观点保存起来，把一个个看法积聚起来，才能让人的文章越来越有灵气，越来越有个性，越来越有创造性。

其实诗歌、小小说、描写、随笔、感受（这次课程标准多次提到，学生要参加文学体验活动，其实文学体验活动就是写自己的感受），都是学生喜欢的文体，从这些"新文体"出发，比我们一成不变地教那些传统文体对于提高学生写作能力更加有效。写作真的没有想象的那么难，把这些文体科学地安插到每一个年级中去，老师以专业化的思维去引导学生写起来，让全体学生喜欢上写作这一目标才有可能实现。

5月14日
星期五
关键词：两个新词

# 对"以文化人""体认"两个新词的理解

读《义务教育语文课程标准（2022年版）》发现不少新词，其中"体认""以文化人"两词引起了我的注意。

**一、课程标准中的"以文化人"在哪里？是什么意思呢？教学中如何落实**

"以文化人"在新课标中出现了两次，全在"教学建议"的第一条里，即：①立足核心素养，彰显教学目标以文化人的育人导向。②教师应理解核心素养的内涵，全面把握语文教学的育人价值，突出文以载道、以文化人。

新课程标准正式版发布之前，社会上流传了多个版本的"征求意见稿"。"征求意见稿"里，"以文化人"在第四部分"课程内容"中，是第一部分"内容选择与结构原则"的第一条"坚持以文化人"。（第二条是加强语文基础，第三条是深化课程内容结构改革）正式发布的语文课程标准中，这块内容被全部删除。我当时读征求意见稿，对

"以文化人"关注了很久。那征求意见稿又是如何诠释"坚持以文化人"的？这一条后面的语段是："以中华文化为核心内容，培根铸魂，启智增慧，大力传承和弘扬中华优秀传统文化、革命文化、社会主义先进文化，立德树人，彰显语文育人功能。"也就是说，按照这个来做，就可以"以文化人"。

什么是以文化人？认识这个词，需要对"人文""文化""如何才能以文化人"等有所理解。

"人文"二字首次出现于《周易》，其作用是"化成天下"，其境界是"文明以止"。《周易·贲卦》中说："刚柔交错，天文也。文明以止，人文也。观乎天文，以察时变；观乎人文，以化成天下。"

《论语》上记载：孔子到卫国去考察，他的弟子冉有给他驾车。孔子对冉有说："这个地方的人口已经很稠密了。"冉有就问："人口已经很稠密了，还应该做什么呢？"孔子就说了两个字："富之。"要使人们富裕起来。冉有又问："已经使人们富裕了，还应该做什么呢？"孔子又说了两个字："教之。"也就是说，在孔子看来，我们只要把"富之""教之"这四个字做好了，那么社会和谐就能够达到了。

西汉刘向在《说苑·指武》中说："凡武之兴，为不服也；文化不改，然后加诛。"他将"文化"作为一个独立的概念来用，此时中国才真正出现"文化"这个词。所以，在中国古代，"文化"本指"文治教化"，是与武力征伐相对的。

"文化"在现代汉语中是一个词，在古代汉语中是由两个词来构成的。"文"就是指文字、文章、礼乐制度、鼓乐、曲调等。而"化"就是人受教而变化。《说文解字》上把"化"解释为"教行"。人们接受了道业，变化气质，改过迁善，在各方面起了若干的变革，这种变革就称为"化"。"文化"二字，合而言之就是以文字、文章、礼乐等文艺形式变化人的气质，使人达到转恶为善、转迷为悟、转凡成圣的目的。所以，文化的本质就是"以文化人"，提升人的素质，变化人的气质。因此，古人说："三日不读书，面目可憎。"

时代发展到今天，"文"与很多字相拼，出现了"文字、文章、文学、文德、文教、文明、文化……"，对于我们语文教育教学来说，这些只要教到位，都可以化人。

## 二、课程标准中的"体认"在哪里？是什么意思呢？教学中如何落实

1. 第四学段"梳理与探究"要求：在落实以上要求过程中，注重理解中华优秀传统文化蕴含的核心思想理念、中华人文精神和传统美德，表达自己作为中华民族一员的归属感和自豪感，体会中国共产党在长期奋斗历程中培育形成的崇高精神和人格风范，体认英雄模范忠于祖国和人民的优秀品质，培育民族气节和爱国主义情怀。

2. "基础性学习任务群""教学提示"第1条：根据学生的年龄特点和认知规律，紧密联系学生的生活实际，结合识字内容，选择适宜的学习主题，创设学习情境；激发学生识字、写字、诵读、积累、探究的兴趣，并注意将语言积累、梳理与体认社会主义先进文化、革命文化、中华优秀传统文化相结合；引导学生在识字、写字、语言积累中感受中华文化的魅力，激发热爱中华文化的情感。

3. "教学建议"中的第1条"立足核心素养，彰显教学目标以文化人的育人导向"的建议：教师应理解核心素养的内涵，全面把握语文教学的育人价值，突出文以载道、以文化人。把立德树人作为语文教学的根本任务，清晰、明确地体现教学目标的育人立意。引导学生在学习语言文字运用的过程中逐步树立正确的世界观、人生观、价值观，体

认和传承中华优秀传统文化、革命文化、社会主义先进文化，积累深厚的文化底蕴，增强文化自信。

4. 命题要求：考试命题应以情境为载体，依据学生在真实情境下解决问题的过程和结果评定其素养水平。命题情境可以从日常生活、文学体验、跨学科学习，也可以从个人、学校、社会等角度设置。日常生活情境指向真实具体的社会生活，关注学生在生活场景中的语言实践，凸显语言交际活动的对象、目的和表述方式。文学体验情境侧重强调学生在文学作品阅读中体验丰富的情感，尝试用不同的方式进行创意表达；强调参与当代文化生活，关注学生对社会主义先进文化、革命文化、中华优秀传统文化的体认。

"体认"这个词，在以前的语文教学大纲和课程标准中都没有出现过。新课程标准中出现了4次，但都集中在"体认中华优秀传统文化、革命文化、社会主义先进文化，体认英雄模范忠于祖国和人民的优秀品质，培育民族气节和爱国主义情怀"。为什么只在这方面体认呢？其他方面为什么没有体认的要求？到底什么叫体认？

查阅词典才明白，体认就是体会、认识，就是通过体验、观察去认识。也就是中华优秀传统文化、革命文化、社会主义先进文化、英雄模范忠于祖国和人民的优秀品质要通过体验、观察去认识，强调了身体力行。这个词《现代汉语词典》于2005年才收录。

查找相关书籍，居然有《体认语言学》《体认翻译学》《体认与翻译》《莫言小说英译的体认心理研究》《初唐经史"制作"之文学体认及影响》这五本书（只查找到五本）。看来体认真的不是简单意义上的"通过体验、观察去认识，强调了身体力行"。一个新鲜的词，如何真正达到"体认"，真的需要好好"体认"。

### 三、"以文化人"与"体认"的逻辑关系

新课程标准里,社会主义先进文化、革命文化、中华优秀传统文化,出现很多次。这三大文化非常重要。如何"坚持以文化人"?首先要知道"以文化人"的内容具体有哪些。如何体认?做哪些事才算体认?这两个词都指向了我国三大文化,都要立德树人。"体认"告诉我们怎么做,"坚持以文化人"告诉我们从哪些方面做。把这两个词放在一起思考,其实也提醒我们语文老师"靠简单地阅读、说教,肯定不行。课程标准在这三大文化中,反复强调'体认',体认应是一种教学方法、教学理念、教学思想"。

5月15日
星期六
关键词：爱写作

# 改为"表达与交流"，
# 中小学生能爱上写作吗？

  大家读新旧课程标准，是否有下面的发现：《义务教育语文课程标准（2011年版）"写作"一词出现了"39"次！《义务教育语文课程标准（2022年版），"写作"一词，只出现"14"次！为什么会这样？因为这次课标将原来的"写作"与"口语交际"合并成"表达与交流"。所以，新课程标准"表达"一词，出现了"121"次，而《义务教育语文课程标准（2011年版）》中的"表达"只出现了"56"次。新课程标准中的"课程性质""课程理念""'课程目标'中的'核心素养内涵''总目标'"中都没有出现"写作"，全部是"表达"。

  面对这一非常大的变化，我心里产生了这样的疑问：新课程如此重视"表达"淡化"写作"，学生就能因此爱上写作了吗？

  研究新课程标准，在"学段要求"上，我已把"表达与交流"的变化梳理过了。下面再梳理一下学习任务群中的"表达"，看看能不能找到让全体学生爱上写作的路径。我发现每一个学习任务群都少不了"表达"或"交流"。这就是说接下来教材变成以学习任务群来组元后，每一个任务中都有"表达与交流"。(注:每一条后面括号里的文字是我对这一内容的简单化概括,可以一下子读懂,知道自己要做什么)

### 一、"基础型学习任务群——语言文字积累与梳理"中的表达

1. 第三学段:"诵读优秀诗文,分主题梳理自己积累的成语典故、格言警句、对联等语言材料,并尝试运用到日常读写活动中,增强表达效果。"(写中运用积累的优秀诗文材料)

2. 第四学段:"分类整理、欣赏、交流所积累的词语、名句、诗文等,并在日常读写活动中积极运用,提升自身的中华文化修养。"(写中积极运用积累的材料。)

### 二、"发展型学习任务群——实用性阅读与交流"中的交流

1. 第二学段:学习用口头和书面的方式客观地表述生活中的见闻片段。(用写表达生活中的见闻片断)

2. 第二学段:学习写留言条、请假条、短信息、简单书信等日常应用文,注意称谓和基本格式,文明礼貌地进行交流。(写留言条、请假条、短信息、简单书信等日常应用文)

3. 第二学段:学习用日记、观察手记等展示自己观察自然、探索科学世界的收获。(写日记、观察手记等)

4. 第三学段:学习通过口头表达、书面叙写,与他人交流身边令人感动、难忘的人和事。(写与他人交流身边令人感动、难忘的人和事)

5. 第三学段:学习记笔记、列大纲、写脚本、画思维导图等整理和呈现信息的方法。(列大纲,写脚本)

6. 第三学段:学习通过口头表述和多种形式的书面表达,分享观

察自然、探索科学世界的所见所闻、所思所感。(写观察自然、探索科学世界的所见所闻、所思所感)

7. 第三学段：能写日记，关注家庭、学校、社区生活中发生的新鲜事。(写日记)

8. 第三学段：学习革命英雄和劳动模范的事迹，尝试用多种媒介方式记录、展示、讲述他们的故事，表达自己的崇敬之情。(写英雄、劳模事迹)

9. 第四学段：阅读叙事性和说明性文本，发现、欣赏、表达和交流家庭生活、学校生活、社会生活和大自然的美好，热爱生活，感恩生活。(写叙事性和说明性文章)

### 三、"发展型学习任务群——文学阅读与创意表达"中的创意表达

1. 第二学段：阅读并讲述革命故事、爱国故事、历史人物故事，感受幸福生活来之不易，表达自己对美好生活的向往，以及对革命英雄、仁人志士的崇敬之情。(写对美好生活的向往，写英雄)

2. 第二学段：结合自己的生活体验，尝试用文学语言表达自己热爱自然、珍爱生命的情感。(用文学语言写自然、写生命)

3. 第二学段：阅读富有想象力和表现力的儿童文学作品，欣赏富有童趣的语言与形象，感受纯真美好的童心，学习用口头或者图文结合的方式创编儿童诗和有趣的故事，发展想象力。(写儿童诗和故事)

4. 第三学段：用口头或者书面的方式表达对自然的观察与体验，抒发自己的情感。(写对自然的观察与体验)

5. 第三学段：阅读表现人与社会的优秀文学作品，走进广阔的文学艺术世界，学习品味作品语言、欣赏艺术形象，复述印象深刻的故事

情节，积累多样的情感体验，学习联想与想象，尝试富有创意地表达。（创意写作）

6. 第三学段：阅读反映少年成长的故事、小说、传记等，交流自己获得的启示；学习运用细节描写等文学表现手法，描述自己成长中的故事。（用文学手法写自己的成长故事）

7. 第四学段：阅读反映中国革命各个时期的重大事件、伟大成就、代表性人物及其感人事迹的优秀文学作品，感悟革命领袖、革命英雄、模范人物的理想信念和奋斗精神，运用多种方式交流自己的阅读感受。（写阅读革命文化的感受）

8. 第四学段：阅读表现人与自然的优秀文学作品，包括古诗文名篇，体会作者通过语言和形象构建的艺术世界，借鉴其中的写作手法，表达自己对自然的观察和思考，抒发自己的情感。（用有关人与自然的优秀文学作品的写作手法写自己对自然的观察和思考）

9. 第四学段：尝试写诗歌、小小说等。（写诗歌、小小说）

## 四、"发展型学习任务群——思辨性阅读与表达"中的表达

1. 第二学段：阅读有关科学的短文，尝试发现日月星辰、风雨雷电、山川草木等大自然的奥秘，依据事实和细节，运用口头和图文结合的方式，表达自己的观点和思考。（读科学短文，写对大自然的思考观点文）

2. 第二学段：尝试运用列提纲、画思维导图等方式，表达故事中的道理。（写道理）

3. 第三学段：结合校园或社会生活中的实际事例，学习有理有据地口头或书面表达自己的观点。（写校园或社会生活的观点文）

4. 第四学段：阅读关于生活感悟、生活哲理方面的优秀作品，学

习思考与表达的方法，结合生活经验和阅读材料，阐述自己的感悟和观点。（写生活哲理的感悟和观点）

5. 第四学段：学习关于科学探究方面的文本，联系自己的科学学习经历，围绕问题提出、探究过程、解决方法等进行专题式的研讨、演讲和写作。（写探究类专题文章）

6. 第四学段：围绕社会热点问题，以口头或书面方式参与讨论。（写社会热点，参与讨论）

### 五、"拓展型学习任务群——整本书阅读"中藏着的"表达与交流"

1. 第二学段：阅读中国古今寓言、中国神话传说等，学习其中蕴含的中华智慧，口头或书面分享自己获得的启示。（写寓言、传说的启示）

2. 第三学段：梳理、反思小学阶段的阅读生活，运用口头或书面方式，与同学分享自己整本书阅读的经历、体会和阅读方法。（写自己如何读整本书）

3. 第四学段：尝试改编名著中的精彩片段。（改编精彩片断）

4. 第四学段：结合自己的阅读体会，尝试撰写文学鉴赏文章。（写文学鉴赏文章）

### 六、"拓展型学习任务群——跨学科阅读"中藏着的"表达与交流"

1. 第一学段：综合运用语文、科学、数学等多学科知识，学习日常观察和记录。（根据多科学知识写观察）

2. 第二学段：选择自己发现和关心的日常语言、行为、校园卫生、

交通安全、家庭教育等方面的问题进行调查研讨，尝试写出简单的研究报告，与同学交流。（写研究报告）

3. 第三学段：参与学校和社区举办的戏曲、书法、篆刻、绘画、刺绣、泥塑、民乐等相关文化活动，体验、感知、传承中华优秀传统文化，运用多种形式分享自己的经验与感受。（写文化活动的经验和感受）

4. 第三学段：综合运用语文、道德与法治、科学、劳动等多方面的知识和技能，通过小组研讨、集体策划、设计参观考察活动方案，运用跨媒介形式分享研学成果。（写考察活动方案、研学成果）

5. 第三学段：选取衣食住行、学校、地球、太空等某个方面，设计人工智能时代的未来生活，运用多样形式丰富自己的语言表达，呈现与分享奇思妙想。（写奇思妙想）

6. 第四学段：结合数学、物理、化学、生物学等学科学习，参与科技活动，学习撰写并分享观察、实验研究报告。（写研究报告）

7. 第四学段：在心理健康、身体素质等方面，选择师生共同关心的问题，组织小课题组，开展校园调查，学习设计问卷、访谈、统计、分析，撰写并发布调查报告。（写调查报告）

8. 第四学段：围绕仁爱诚信、天下为公、和谐包容、精忠报国、英勇奋斗、自强不息、明礼守法，以及科学理性、艺术精神等，选择专题，组建小组，开展学习与研究，运用多种形式分享学习与研究成果。（写学习与研究成果）

9. 第四学段：组建文学艺术社团，开展相关文化活动，参与社区文化活动与文化建设；在参与过程中写出策划方案，制作海报，记录活动过程，运用多种媒介发布学习成果。（写策划方案及学习成果）

面对这么多"表达"之内容，怎么做才能让学生爱上表达，进而爱上写作呢？课程标准也只能说"教学评一体"，义务教育课程方案也只能说"大单元教学"。具体怎么做？课程标准没给任何方案。这是教材怎么编写、老师用教材怎么教的问题，也就是说，这些内容要想教好，语文老师还要读大量的书，要根据教材做精心设计，否则学生还会是老样子。比如第二学段的"写作"有如下内容。

1. 用写表达生活中的见闻片断。

2. 写留言条、请假条、短信息、简单书信等日常应用文。

3. 写日记、观察手记等。

4. 写对美好生活的向往，写英雄。

5. 用文学语言写自然、写生命。

6. 写儿童诗和故事。

7. 读科学短文，写对大自然的思考观点文。

8. 写道理。

9. 写寓言、传说的启示。

10. 写简单的研究报告。

也就是说新教材第二学段肯定要从这 10 个方面编写。每一种类型的写作怎么教？课程标准不可能给出具体的操作办法。这是我们老师的业务，是我们老师的专业。虽然新教材还没有，但可以看当下的统编教材，这 10 个内容，4 册教材 32 个单元已经有了哪些？没有哪些？现在的这 10 个内容与第二学段 32 个单元的习作内容相比处在什么水平？请看如下总结。

三上习作主题是：猜猜他是谁，写日记，我来编童话，续写故事，我们眼中的缤纷世界，这儿真美，我有一个想法，那次玩得真高兴。

三下习作主题是：我的植物朋友，看图画写一写，写一写过节的过程，我做了一项小实验，奇妙的想象，身边那些有特点的人，国宝大熊猫，这样想象真有趣。

四上习作主题是：推荐一个好地方，小小"动物园"，写观察日记，我和＿＿过一天，生活万花筒，记一次游戏，写信，我的心儿怦怦跳。

四下习作主题是：我的乐园，我的奇思妙想，创编童诗集，我的动物朋友，游＿＿，我学会了＿＿，我的"自画像"，故事新编。

像日记、书信、儿童诗，新旧教材都有，许多老师都教过，现在可以对自己教得怎么样进行深刻反思了，接下来该怎么教最好也该有新的设计了。像用文学语言写自然、写生命，还有写简单的研究报告（正在使用的统编小学语文教材把简单的研究报告放在了五年级下学期），怎么教？这就需要提前看相关书籍，让自己在这方面变得更专业。

让学生爱上写作，本身是一个非常大的课题。新课程标准把2011年课标中的"课内外作文""多读多写"全部删除了。接下来到底要利用什么样的智慧能让学生爱上写作？肯定要去寻找新的思路，以新的实验来保证任务的完成。过去，一个学期要学26~28篇课文，写8次习作，事实证明太多了！不知道这一次教材能不能有更大的变革，比如6个学习任务群，一学期变成4~5个单元，只让学生写4篇习作。假如是这样的，大教学就可以真正展开了，学生一次习作就可以用更多课时来完成了，让全体学生爱上写作就有可能了！

5月16日
星期日
关键词：讨论

# 课标中的"讨论"，你发现了吗？

为什么要关注课程标准中的"讨论"？《论语·宪问第十四》有这样一段话："为命，裨谌草创之，世叔讨论之，行人子羽修饰之，东里子产润色之。"读这段话，你一定会发现这是多么美的讨论境界，在世界教育论著中，这可是首次出现，这也是我们中国人的骄傲。但"讨论式教学法"（《讨论式教学法：实现民主课堂的方法与技巧》，美国：Stephen D. Brookfield，Stephen Preskill 著）不是我们中国人创造的。讨论式教学法在国外已经盛行多年，在教学法体系中占有重要的地位，小组学习是课堂落实讨论的最佳形式之一。而全世界最重视讨论的国家是芬兰，荷兰的教育者认为"在讨论的过程中讨论者共同创造、规定并且形成人们的关系和真实的生活"，并在教材中告诉学生，讨论的价值有：①创造、发展和打破既有的人际关系；②构筑自己的形象；③休闲消遣；④解决问题；⑤做出决定；⑥创造新的决定；⑦设计、发明；⑧开始产生兴趣，继续彼此的共鸣；⑨制定标准。

读芬兰的中小学各学科教材，每一个内容的教学都少不了讨论。而每一节课也少不了讨论。那我们的小学语文教材里有多少讨论呢？比如，正在使用的统编版小学语文教材，四年级上册语文课本（人民教育出版社2021年6月版），"讨论"一词只出现了4次（第24、27、43页，第43页一页里出现2次）。为什么那么少呢？这肯定与课程标准有关。从1993年~2022年这30年间，我国所有教学大纲、课程标准里出现多少"讨论"就知道教材里这个词为什么那么少了。

### 一、1993年《九年义务教育全日制小学语文教学大纲》（试用）中出现4次"讨论"

1. 能清楚明白地口述一件事，**讨论**问题能说清楚自己的意思。
2. **讨论**问题能说清楚自己的意思。
3. **讨论**问题能讲清自己的意思。
4. 参加**讨论**能主动发言，能用普通话讲清自己的意思。

4次规定仅仅局限于"听话、说话"训练中。

### 二、2000年《九年义务教育全日制小学语文教学大纲》（试用修订版）中有两处出现"讨论"一词

1. 中年级习作要求的第三条规定："参加**讨论**能说清自己的意见。有不理解的地方向别人请教，有不同的意见与别人商量。"
2. 教学中应注意的问题中"阅读部分"的内容："提倡在学生读书思考的基础上，通过教师的指点，围绕重点展开**讨论**和交流，鼓励学生发表独立见解。让学生在阅读实践中逐步学会独立思考，学会读书。"

仅有的这两处规定已经由1993年的教学大纲中"听话、说话"里的"讨论"，发展到"习作、阅读"中，前进了一大步呀！

### 三、2001年《全日制义务教育语文课程标准（实验稿）》中的规定

1. 有表达的自信心。积极参加**讨论**，对感兴趣的话题发表自己的意见。

2. 对周围事物有好奇心，能就感兴趣的内容提出问题，结合课内外阅读，共同**讨论**。

3. 能提出学习和生活中的问题，有目的地搜集资料，共同**讨论**。

4. 在阅读中揣摩文章的表达顺序，体会作者的思想感情，初步领悟文章基本的表达方法。在交流与**讨论**中，敢于提出自己的看法，做出自己的判断。

5. 乐于参与**讨论**，敢于发表自己的意见。

6. 策划简单的校园活动和社会活动，对所策划的主题进行**讨论**和分析，学写活动计划和活动总结。

7. 课堂内外**讨论**问题，能积极发表自己的看法，有中心、有条理、有根据。能听出**讨论**的焦点，并有针对性地发表意见。

8. 能自主组织文学活动，在办刊、演出、**讨论**等活动中，体验合作与成功的喜悦。

9. 能提出学习和生活中感兴趣的问题，共同**讨论**，选出研究主题，制订简单的研究计划，从报刊、书籍或其他媒体中获取有关资料，**讨论**分析问题，独立或合作写出简单的研究报告。

10. 关心学校、本地区和国内外大事，就共同关注的热点问题，搜集资料，调查访问，相互**讨论**，能用文字、图表、图画、照片等展示学习成果。

11. 对自己身边的、大家共同关注的问题，或电视、电影中的故事和形象，组织**讨论**、专题演讲，学习辨别是非善恶。

12. 在评价建议中的规定"这种探究，既有学生个体的独立钻研，也有学生群体的**讨论**切磋，所以除了教师的评价之外，要多让学生开展自我评价和相互评价"。

读这十二段文字知道，"讨论"已分布于语文教学的多个领域。

### 四、《义务教育语文课程标准（2011年版）》中有多少处"讨论"

1. 有表达的自信心。积极参加**讨论**，敢于发表自己的意见。

2. 对周围事物有好奇心，能就感兴趣的内容提出问题，结合课内外阅读共同**讨论**。

3. 能提出学习和生活中的问题，有目的地搜集资料，共同**讨论**。

4. 在阅读中了解文章的表达顺序，体会作者的思想感情，初步领悟文章的基本表达方法。在交流和**讨论**中，敢于提出看法，做出自己的判断。

5. 乐于参与**讨论**，敢于发表自己的意见。

6. 策划简单的校园活动和社会活动，对所策划的主题进行**讨论**和分析，学写活动计划和活动总结。

7. 对自己身边的、大家共同关注的问题，或电视、电影中的故事和形象，组织**讨论**、专题演讲，学习辨别是非、善恶、美丑。

8. **讨论**问题，能积极发表自己的看法，有中心、有根据、有条理。

9. 能听出**讨论**的焦点，并能有针对性地发表意见。

10. 自主组织文学活动，在办刊、演出、**讨论**等活动过程中，体验合作与成功的喜悦。

11. 能提出学习和生活中感兴趣的问题，共同**讨论**，选出研究主题，制订简单的研究计划。

12. 能从书刊或其他媒体中获取有关资料，**讨论**分析问题，独立或合作写出简单的研究报告。

13. 关心学校、本地区和国内外大事，就共同关注的热点问题，搜集资料，调查访问，相互**讨论**，能用文字、图表、图画、照片等展示学习成果。

14. 精心设计和组织教学活动，重视启发式、**讨论**式教学，启迪学生智慧，提高语文教学质量。

15. 要善于通过合作学习解决阅读中的问题，但也要防止用集体**讨论**来代替个人阅读。

16. 评价方法除了纸笔测试以外，还有平时的行为观察与记录、问卷调查、面谈**讨论**等各种方法。

17. 考察口语交际水平的基本项目可以有讲述、应对、复述、转述、即席讲话、主题演讲、问题**讨论**等。

## 五、《义务教育语文课程标准（2022年版）》中又有多少处"讨论"

1. 积极参加**讨论**，敢于发表自己的意见。

2. 对周围事物有好奇心，能就感兴趣的内容提出问题，结合其他学科的学习和生活经验交流**讨论**，尝试提出自己的看法。

3. 能对课文中不理解的地方提出疑问，乐于与他人**讨论**交流。

4. 能提出学习和生活中的问题，有目的地搜集资料，共同**讨论**，尝试运用语文并结合其他学科知识解决问题。

5. 在交流和**讨论**中，敢于提出看法，做出自己的判断。

6. 参与**讨论**，敢于发表自己的意见，说清自己的观点。

7. 策划简单的校园活动和社会活动，对所策划的主题进行**讨论**和分析，学写活动计划和活动总结。

8. 对自己身边的、大家共同关注的问题，或影视作品中的故事和形象，通过调查访问、**讨论**演讲等方式，开展专题探究活动，学习辨别是非、善恶、美丑。

9. **讨论**问题，能积极发表自己的看法，有中心，有根据，有条理。

10. 能把握**讨论**的焦点，并能有针对性地发表意见。

11. 自主组织文学活动，在办刊、演出、**讨论**等活动过程中体验合作与成功的喜悦。

12. 关心学校、本地区和国内外大事，就共同关注的热点问题搜集资料，调查访问，相互**讨论**，能用文字、图表、图画、照片等展示学习成果。

13. 能提出学习和生活中感兴趣的问题，共同**讨论**，选出研究主题，制订简单的研究计划。

14. 能从书刊或其他媒体中获取有关资料，**讨论**分析问题，独立或合作写出简单的研究报告。

15. 阅读新闻报道、时事评论等作品，关注社会主义建设新成果，就感兴趣的话题与同学进行线上线下**讨论**，根据目的与对象选择合适的媒介进行交流沟通。

16. 思辨性阅读与表达学习任务群旨在引导学生在语文实践活动中，通过阅读、比较、推断、质疑、**讨论**等方式，梳理观点、事实与材料及其关系。

17. 大胆提出生活和学习中遇到的问题，通过阅读、观察、请教、**讨论**等方式，积极思考、探究，乐于分享自己解决问题的办法，说出一两个理由。

18. 围绕社会热点问题，以口头或书面方式参与**讨论**。

19. 应设计阅读、**讨论**、探究、演讲、写作等多种学习活动,引导学生学习发现、思考、探究问题的思路和方法。

20. 在环境、安全、人口、资源、公共卫生等方面,选择感兴趣的社会热点问题,查找和阅读相关资料,记录重要内容,列出发言提纲,参加班级**讨论**。

21. 与人**讨论**交流,注意倾听,主动用礼貌用语回应。

22. 乐于表达自己的想法,遵守规则,主动合作,积极参与**讨论**,把自己的想法说清楚。

23. 喜欢阅读故事,并与他人**讨论**。

24. 乐于参与**讨论**,敢于发表自己的意见。

25. 能组织**讨论**和专题演讲,发表自己的观点,在交流反思中辨别是非、善恶和美丑。

26. 在**讨论**问题过程中,能积极发表自己的看法,做到有中心,有根据,有条理。

27. 可通过课堂观察、对话交流、小组分享、学习反思等方式,收集和整理学生语文学习的过程性表现,如学生日常写字、读书、习作、**讨论**、汇报展示、朗读背诵、课本剧表演等方面的材料,记录学生核心素养发展的典型表现。

28. 要注意观察小组成员的分工方式、**讨论**程序和对不同意见的处理,关注学生在发言和倾听发言时的规则意识和交际修养,借助评价引导学生反思学习过程。

统计的数据充分告诉我们:30年来,从教学大纲到现在的课程标准,"讨论"的确越来越受重视了。课程标准重视了,我们的教材会不会比以前也重视"讨论"呢?按理说必须重视。

为什么要重视讨论?其实应该从什么是讨论说起。

《辞源》《新华词典》中"讨论"的解释分别为"研究、讨论""就某一问题交换意见或进行讨论"。我认为"讨论"的这些解释给我们建立了一个逻辑起点，可以使我们初步理解这个词，但我们还应该以发展的理念更全面地认识这个词，应该对上述的解释进行整合，多角度理解建构。"讨论"是由两个动词词素"讨"与"论"组成。"论"这个词素的确存在着"拿出命题、全面争论、部分否定、充分肯定"等过程性的元素；而"讨"是一种"乞讨参与者思维、探究，甚至各自变为己有"的价值判断过程。如此我们就可以发现"讨论"是一个过程，是一个价值化的过程，是一个整合性的过程，是一个群体参与的过程，是一个平等、自由、发展的过程，是一个产生创新意识的过程。这其实也是我对讨论一词的理解。

明白了这一点，如何让我们的课堂充满讨论呢？我国中小学班级人数较多，教室面积较小，这都是制约讨论进行的客观因素。怎么办？讨论不是几分钟就可以出结果的，我们每篇课文教学只有 1~3 课时，这个难题怎么解决？这都需要专业化思维来解决。目前，这方面的著作较少。不多，恰恰给我们提供了智慧增长点。只要我们愿意做，这么有效、高效，并能激发学生创造性的讨论式教学法怎么可能不发生于我们的课堂之中？

5月17日
星期一
关键词：挑战

# 读懂、设计、落实新课标中的多种"挑战"

## 一、新旧语文课程标准中的"挑战"

《义务教育语文课程标准（2011年版》中有几处"挑战"？《义务教育语文课程标准（2022年版）》中又有几处"挑战"呢？研究课标里的"挑战"有什么用呢？

《义务教育语文课程标准（2011年版》只有1处"挑战"，在"前言"的第一段文字里，即"当今世界，经济全球化趋势日渐增强，现代科学和信息技术迅猛发展，新的交流媒介不断出现，给社会语言生活带来巨大变化，对中华民族优秀传统文化的继承，对语言文字运用的规范带来新的**挑战**"。

为什么课程标准会关注语言文字运用规范方面的挑战？众所周知，进入21世纪，许许多多的人走进了论坛，开了博客、微博，社交媒体的方便与快捷催生了很多网络语言，而网络语言与规范的语言文字肯定存在冲突。学生不可能被排除在网络之外、信息之外，他们把网络语言带进了教室，带到了作文里，这让很多搞语文的专家头痛、害怕。不少专家学者认为这样的语言不能出现在课堂里，也不能出现在作文中。所以，课程标准在前言中就有了这句话。课标中的这句话就是提醒老师们要重视语言文字运用。但这部课程标准并没有说不能用，那规范会不会改呢？答案是必然的。因为只要网络不消失，信息时代不结束，这些语言只能增多，不可能减少，也不会消失。不是网络语言适应规范，而是规范应该跟着网络语言走。读《义务教育语文课程标准（2022 年版）》，这一处的"挑战"没有了。说明什么？说明专家接受了网络语言的许多不规范，不认为这是什么挑战了。

搜索《义务教育语文课程标准（2022 年版）》中的"挑战"，共出现了 4 次：

第一处在"前言"的第 2 自然段里：随着义务教育全面普及，教育需求从"有学上"转向"上好学"，必须进一步明确"培养什么人、怎样培养人、为谁培养人"，优化学校育人蓝图。当今世界科技进步日新月异，网络新媒体迅速普及，人们生活、学习、工作方式不断改变，儿童青少年成长环境深刻变化，人才培养面临新**挑战**。

第二处是"课程理念"第 4 点"增强课程实施的情境性和实践性，促进学习方式变革"的开头：义务教育语文课程实施从学生语文生活实际出发，创设丰富多样的学习情境，设计富有**挑战**性的学习任务，激发学生的好奇心、想象力、求知欲，促进学生自主、合作、探究学习。

第三处在"教材编写建议"的第 5 条"教材编写要系统规划和整体安排"里：要通过学习任务的综合性、**挑战**性以及学习过程的探究性，体现同一个学习任务群在不同学段的纵向发展过程与进阶。

第四处在"教学研究与教师培训"的第 3 条"立足教学实践，提高教研水平"里：语文教师要勇于面对课程实施过程中遇到的新问题和新**挑战**，紧紧围绕课程标准实施和教材使用过程中出现的突出问题，立足学情，因地制宜，以研究的态度探索问题的解决办法，提高教学研究水平。

这四段话的关键词句就是："人才的挑战""设计挑战性的学习任务""教材要有挑战性""教师要面对挑战"。

## 二、面对"人才的挑战"，基础教育该做什么

多年来，我们的基础教育一直重视分数，"人才的挑战"没有哪位基础教育人会考虑。基础教育没有人才观，指望大学那几年，指望工作之后再建立，对于很多人来说真的有点晚了。许多人本来是可以成为人才的，但应试教育的存在，让许多人连"人"之贵（《说文解字》中说：人，天地之间最贵者也！）都不明白。12年的基础教育，多少老师连个"人"都没有给学生讲清楚，那"才"又能被培养出来多少呢？"才"可能少不了分数，但分数不等于"才"。基础教育的人才观是什么？基础教育面对人才的挑战，到底该做什么？

义务教育语文课程实施要设计挑战性的学习任务，对我国基础教育，尤其义务教育来说，这的确很新，也很难。多年来，我们真的没看到挑战性的学习任务出现于课程里，出现在课堂中。综观20多年的各类教研活动、课堂教学大赛，你看到哪位名师的课堂里有"挑战性学习任务"？把正在使用的中小学语文教材的内容一字不漏地读一读，哪一个内容的编写富有挑战性？看当下老师们布置的作业，看当下的教辅用书上的题目，看这些年的期末试卷，存在有挑战性的内容吗？没有，真的没有！也许有的学校做了，但从有关中小学语文类媒体中的文章看，真的看不到"挑战性学习任务"。这样的事实，多年的教学，让我

与许多老师一样，真的不知道什么是挑战了，不知道课堂上什么样的提问才叫富有挑战性，布置什么样的作业才叫富有挑战性。

这几年，给老师做"整本书阅读"专题讲座，我一直讲《爱的教育》这本书怎么读。

夏丏尊先生是现代著名教育家、作家、学者，20世纪20年代时，他说："我在四年前始得此书的日译本，记得曾流了泪三日夜读毕，就是后来在翻译或随便阅读时，还深深地感到刺激，不觉眼睛润湿。这不是悲哀的眼泪，乃是惭愧和感激的眼泪。除了人的资格以外，我在家中早已是二子二女的父亲，在教育界是执过十余年教鞭的教师。平日为人为父为师的态度，读了这书好像丑女见了美人，自己难堪起来，不觉惭愧了流泪。"

这么好的书怎么引导小学生读？

《爱的教育》中有这样一段话："在一个星期六的早晨，他看见有一小孩因丢了钱不能买笔记簿，站在街上哭，加罗内就把钱给那小孩。他在母亲生日的那天，费了三天工夫，写一封八页长的信给母亲，纸的四周还画了许多装饰的花样。"

课堂上，我问学生："四年级的一个学生，费了三天的工夫，送给母亲八页长的信，你们敢挑战加罗内吗？"

有的专家会说，为什么要做这件事？这不是增加学生负担吗？不就是个生日吗，有这个必要吗？难道写四五百字就不行吗？这些问题其实不必回答，因为写作是世界上最棒的感恩方式。在母亲生日这一天，给母亲写信胜过所有的礼物，年年写都是应该的。谁敢挑战并挑战成功，一定会成为非常优秀的人！其实，读这本书，还可以"玩"下面8道题：

1. 如果你还没有读这本书，只看了书名，假如请你来写《爱的教育》，你会写什么呢？

2. 如果你还没有把这本书读完，还剩下一些章节，可以停下来，写写后面的章节，你会怎么写呢？

3. 你终于读完《爱的教育》了，这本书里有好多人物，你最想给其中的哪个人物写信？写一封长一点的信如何？能写多长就写多长。

4. 在读这本书的过程中，你难道没有被一些人、一些事感动吗？把感动的话语变成一篇篇日记如何？

5. 假如让你来主持《爱的教育》介绍会，而作者也准备来参加这一活动，你准备如何介绍本书的作者呢？

6. 看了《爱的教育》，你有去意大利旅游，去亚米契斯的因佩里亚，作者的故乡看一看的想法吗？如果想去，你如何做旅游攻略呢？

7. 如果你是导演，有没有想把《爱的教育》拍成电影或电视剧的想法？如果有，你会选择哪些内容来拍？你会把这些内容改编成电影剧本或电视剧剧本吗？

8. 你想不想续写《爱的教育》？如果想写，你会写什么呢？你觉得世界上有没有人续写过？

不能说这8道题每题都有挑战性。当我把这8道题呈现给学生时，学生们没有排斥。而听课老师的眼睛都亮了起来，他们觉得这样读书才是真正的、富有挑战性的整本书阅读。有没有学生做起来呢？当然有了！这也是我的一则挑战性教学案例。

### 三、新课程标准给新课堂教学带来的挑战

新课程标准要求老师要勇于面对课程实施过程中遇到的新问题和新挑战。新课程标准的语文课程对于我们老师来说会有哪些新挑战？统编小学语文教材，大多数语文老师只教了三四年，教材还没有完全熟悉又

要换了，怎么让新课标下的新课堂充满"课标味"？这就是挑战！这部新课标我已经读了好多遍了，"写作与口语交际"合并为"表达与交流"。把"表达与交流"及六个学习任务群中的"表达与交流"的相关句段读了，把"学业质量""课程实施"中的"表达与交流"反复看了，的确增加了很多东西，比如诗歌创作、剧本写作、读书报告、研究报告、调查报告等，如何让新课标实施期间的学生通过课标的这些变化爱上写作呢？这肯定是相当富有挑战性的项目，但只要老师敢做，必然会有相当大的收获。

什么是挑战？词典中的解释是：一是愿意激怒敌人，使敌人出来打仗；二是鼓动对方跟自己竞赛；三是主动尝试战胜对方。什么是挑战性？能激发人的斗志，使人不断进步，让人想做得更好的一种激励状态。总觉得这些解释味道不足，挑战之味没有解释出来。看来，只有通过读更多的书来理解挑战性，才能让自己的课堂更有挑战性。没有想到，这方面的书奇缺，我只查到了三本。《终生受用的课堂——清华大学挑战性学习课程"大篷车课堂"》（李希光著）。看介绍说，这是充满思想火花的大篷车课堂，是清华大学最受欢迎的挑战性课堂，旨在将学生的头脑当成身体上的肌肉一样进行锻炼。《领导力——解决挑战性难题》（刘澜著），这是一本管理学、领导学著作。还有一本是《有效应对幼儿挑战性行为的策略：幼儿行为引导手册》（丹·加特雷尔著，周念丽译）。

哪个适合我们小学语文老师？怎么看都不适合。而小学语文类的"挑战性"图书一本都找不到。找不到不是坏事，对于我们语文老师来说，这恰恰就是挑战性的事——我们真做了具有挑战性的语文教育教学，肯定就会有零的突破。

5月18日
星期二
关键词：思考

# 对"倡导、提倡、建议"的思考

## 一、关于"倡导、提倡、建议"之思考的旧文

2012 年，我读 2001、2011 年语文课程标准，针对标准中的"倡导、提倡、建议"专门写过文章并发表，旧文的内容如下。

2001 年实验稿语文课程标准有 8 处用到"提倡"，2011 年语文课程标准仍然是 8 处（还有两处"倡导"），但提倡内容有变化。2011 年语文课程标准将原来"提倡启发式、讨论式教学，提倡为学生建立写作档案"取消，增加"提倡多读多写""朗读要提倡自然"。原来的"提倡学生自主拟题"改为"提倡学生自主选题"，并将原来的"提倡跨领域学习，与其他课程结合"变为"提倡与其他课程相结合，开展跨领域学习"。2011 年版的语文课程标准 8 处"提倡"具体如下：

1. ……有利于培养学生主动探究、团结合作、勇于创新的精神，应该积极提倡。

2. ……提倡多读多写，改变机械、粗糙、烦琐的作业方式……

3. 在理解课文的基础上，提倡多角度、有创意的阅读……

4. 朗读要提倡自然，要摒弃矫情做作的腔调。

5. 提倡少做题，多读书，好读书，读好书，读整本的书。

6. 加强平时练笔指导，改进作文命题方式，提倡学生自主选题。

7. 综合性学习的设计应开放、多元，提倡与其他课程相结合，开展跨领域学习。

8. 提倡学生在成长记录中收存有代表性的课内外作文和有价值的典型案例分析，以反映写作的实际情况和发展过程。

另外，在"课程基本理念"中还有两处内容一样的"倡导"，即"积极倡导自主、合作、探究的学习方式"。

什么是倡导？意思是率先提议。

什么叫提倡？提倡的意思是指出事物的优点，鼓励大家使用或实行。

什么是建议？是个人或团体，对某件事情未来要如何操作提出的解决办法。又指通常在适当的时候针对一个人或一件事的客观存在提出自己合理的见解或意见，使其具备一定的改革和改良的条件，使其向着更加良好的、积极的方面去完善和发展，是有益处的。

也就是说"倡导、提倡、建议"的内容要求只是鼓励大家使用、实行，并非必须使用、实行，按照这些要求做起来可以！不按这些要求也可以！

研究2011年语文课程标准中的八大提倡内容，都是经过实践证明有效、高效的，是学生语文素养达成不可缺少的。如"主动探究、团结合作、勇于创新"，都是应该做的，也是必须做的。"多读多写"都不执行的话还叫语文教学吗？只有"多角度、有创意的阅读"，课文才算真正被理解，学生的理解能力才能得到真正的培养。朗读必须要自然，不能矫情做作，这即便不是提倡的问题也是必须要注意的。教学中做不到自然，那是教师基本功不过关。学生多做题带来了什么？如果再不强调，再不要求必须少做题，语文还是语文吗？学生的语文素养能在做题中形成吗？急功近利的、多做题的语文教育教学肯定是不科学的！少做题，多读整本书，读好书，好读书，那是科学之策，为何不要求坚决执行呢？语文课程的基本特点就是工具性与人文性的统一，如果不与其他学科结合，没有跨学科的学习思维，语文课程的这个基本特点不就彻底丧失了吗？代表性的课内外作文的确要收藏，其实每位同学四个阶段的写作就是四本书，全部收藏都不成任何问题，都是应该做的！……那么多学校都没有做到，众多提倡还有多少价值呢？反复思索这8个"提倡"，哪一个都是应该坚守的。但提倡一词决定着做没有违反课程标准之规定，不做也没有违反。所以，我认为，"提倡"一词的继续使用，只能让好的东西继续束之高阁。标准就是标准，必须遵守。试想，企业等标准如果使用"提倡"，会是什么样的结果？好的教学理念、教学设想、教学创造的确有很多，也不可能一一列在课程标准中，老师本身也是一个创造者。既然在标准中列出，"提倡"一词尽可能不要使用。

2011年语文课程标准中还有10处"建议"。"建议"一词总觉得也不该出现在课程标准中，而建议中的内容大多属于语文老师必须做的，但因为是"建议"，相信很多老师不会吸纳。具体原因不言而喻。读日本、法国、美国等课程标准，看不到"建议"两字。

"倡导、提倡、建议"，看似是给予教师、学生自由，其实会让更多的老师放弃倡导、提倡与建议的内容要求。像企业的各类标准，如果也使用"建议"与"提倡"，比如食品安全标准中如果有"建议不用地沟油，提倡使用有机食用油；建议过期的东西不要再流入市场"等内容，其结果注定是大多数的企业会使用地沟油和非常便宜的转基因油，过期的东西也会继续卖给人们。标准就是标准，不能使用倡导、提倡与建议。

**二、新课标中的"倡导、提倡、建议"**

《义务教育语文课程标准（2022年版）》在这三个词语的使用上有没有变化呢？经全文搜索，发现了：4处倡导，2处提倡，12处建议。

从数量来看，减少了不少。看来新语文课程标准还是吸纳了一线老师提出的这个建议，这也是我国课程标准的一大进步。

1.4处"倡导"的内容要求如下。

（1）在"课程理念"中："倡导少做题、多读书、好读书、读好书、读整本书，注重阅读引导，培养读书兴趣，提高读书品位。"

（2）在"课程理念"中："倡导课程评价的过程性和整体性，重视评价的导向作用。"

（3）在"过程性评价原则"中："过程性评价要拓宽评价视野，倡导学科融合。"

（4）在"命题规划"里："科学设计试卷结构，明确规定主观性和客观性试题的比例，倡导设计基于情境的探究性、开放性、综合性试题。"

2.2处"提倡"在"在基础型学习任务群"的第四学段"教学提示"中："提倡日积月累，不要贪多求快；提倡熟读成诵，不要死记硬背"。

2011年语文课程标准中的8处"提倡"、2处"倡导"，新语文课程标准只保留了1个，即"倡导少做题、多读书、好读书、读好书、读整本书……"，其余9处全部删除，增加的5处"倡导与提倡"之内容，其实也是非常有价值的研究项目。

3. 12 处"建议"都在标题里，即"教学建议""评价建议""课堂教学评价建议""作业评价建议""阶段性评价建议""教材编写建议""关于课内外读物的建议"等，当然这些标题以下的内容也都是"建议"的内容。102 页的语文课程标准，建议的内容多在"课程实施"里，共 10 页纸，加上"关于课内外读物的建议"，共 11 页。

### 三、面对新变化，老师应该如何做

细读"倡导、提倡、建议"的内容，哪个不是应该做的？"倡导少做题、多读书、好读书、读好书、读整本书，注重阅读引导，培养读书兴趣，提高读书品位。"这一内容，实质是 5 个"倡导"，即倡导少做题，倡导多读书，倡导好读书，倡导读好书，倡导读整本书。我国中小学语文教学质量一直不高，从这里能找到极其重要的原因。我们做的题太多了（做题式语文，标准答案式语文，最终的结果是，集体性讨厌语文）。多读书、喜欢读书、读好的书、读整本书，这是语文教学本该重点做的事。过去学校、家庭条件都不好，没有书，只学课本，多读课文是正确的，是可行的。我国许许多多学校早已通过义务教育验收，只要是验收合格的学校，哪所学校没有藏书？但不得不说，学生只能偶尔借一借书，老师也不催学生去借。为什么呢？倡导他们干，他们选择了不干，集体性不干。集体性地热爱让学生做题，也就成为这三十多年来基础教育的主流教育理念。题做多了，读书时间自然就少了。假如课程标准在这一要求上不是倡导，教材肯定会把读书当成必做之事。

"倡导课程评价的过程性和整体性，重视评价的导向作用。""过程性评价要拓宽评价视野，倡导学科融合。"看到这两句话，老师们一定知道课程评价的过程性和整体性是最能促进学生学习，改进老师教学，全面落实语文课程目标的。老师只有抓住过程性和整体性评价，才能准确反映学生的语文学习水平和学习状况,才能从语言文字运用能力、思维过程、审美情趣和价值立场等,全方位地关注学生的学习过程和学习进步。但由于"倡导"两字,这么好的理念极有可能会被彻底放在一边。

再看"科学设计试卷结构,明确规定主观性和客观性试题的比例,倡导设计基于情境的探究性、开放性、综合性试题"这一内容,这是《义务教育语文课程标准(2022年版)》"学业水平考试"中"命题规划"要求,这是以前课程标准所没有的。这一要求,其实也指出过去学业水平测试题存在着较严重的问题,那就是缺少"基于情境的探究性、开放性、综合性试题"。而这样的试题,是要想科学设计试卷结构必须改革的。试卷上没有,很容易导致课堂上没有。课堂上没有,试卷上没有,久而久之,就导致学生这方面的能力也就没有。此处使用"倡导",命题人很有可能今年出这类题,明年不出这类题;有的地方命题人年年出这类题;一些地方的命题人从来不出这类题。如果学业水平考试变成了这样,肯定苦了老师,更苦了学生。

再看看两处"提倡"。"提倡日积月累,不要贪多求快;提倡熟读成诵,不要死记硬背。"《义务教育语文课程标准(2011年版)》只在"阅读教学建议"中提出"不应要求学生死记硬背概念、定义"。这一次课程标准有三大块六个任务群,这两个提倡是针对"基础型学习任务群"提出的,专门在"教学提示"中提醒我们老师。"基础型学习任务群"就是"语言文字积累与梳理",这一任务群由哪些任务组成?哪些任务最容易导致死记硬背?

第一学段容易导致死记硬背的内容有:"认读拼音字母、拼读音节""诵读、记录课内外学到的成语、谚语、格言警句、儿歌、短小的古诗等,感受中华优秀传统文化,养成自主积累的习惯。"

第二学段容易导致死记硬背的内容有："诵读、积累成语典故、中华文化名言、短小的古诗词和新鲜词语、精彩句段等……"

第三学段容易导致死记硬背的内容有："诵读优秀诗文，分主题梳理自己积累的成语典故、格言警句、对联等语言材料……"

第四学段容易导致死记硬背的内容有："学习整理典型的语法、修辞应用实例""继续丰富自己的积累。分类整理、欣赏、交流所积累的词语、名句、诗文等……"

在日积月累上贪多求快，有没有？当然有！比如，正在使用的小学语文教材，三至六年级编排了14篇短小精悍的"文言文"。你知道吗？现在有很多学校从一年级开始就让学生读、背超过教材十倍甚至二三十倍量的"文言文"了！另外，如果一个地方的期末试卷里有"5～20分"的"根据课文内容填空"考题，这个地方的所有学校的所有学生都会"死记硬背"。

我们真的不能再死记硬背了。我们从隋炀帝大业三年（607年）开始科举考试，到1905年清朝举行最后一次进士考试（世界上最后一届科举考试结束于1919年的越南阮朝），前后经历1300余年。这1300余年，没有哪个考生不经历着一年又一年的死记硬背。虽然也造就了不少人才，但其弊端是显而易见的。

因为是"提倡日积月累，提倡熟读成诵……"老师自然会放弃"日积月累，熟读成诵"而选择"贪多求快""死记硬背"。

如果研究新课标这11页的每一句话，哪一条不是应该做的呢？"倡导、提倡、建议"是非常柔性的三个词。课程标准，应该是刚性的。

5月19日
星期三
关键词：实验项目

## 课程标准能给予我们哪些实验项目？

我先要来说说《义务教育语文课程标准（2001年实验版）》及《义务教育语文课程标准（2011年版）》给予我的实验项目及收获。《义务教育语文课程标准（2011年版）》对《九年义务教育语文课程标准（2001年实验版）》中"正确把握语文教育的特点"之课程基本理念做了修订，最明显的变化有三点。

一是用词更加准确，指向性更强，将课程标准不应该有的模糊表述变得较为精确，通俗易懂了。如将原来的"精神领域"变成"精神世界"，将"深入"变成"广泛深刻"，将"学生对语文材料的反应"变成"学生对语文的感受和理解"，将"还应考虑"变成"应特别关注"，将"语文又是母语教育课程"变为"语文课程是学生学习运用祖国语言文字的课程"，将"更多地直接接触语文材料"变成"多读多写，日积月累"。

二是将语文课程内容的价值取向阐释得非常清楚。

三是取消了"不宜刻意追求语文知识的系统和完整"。

在这些变化中，我认为将"更多地直接接触语文材料"变成"多读多写，日积月累"非常好！"多读多写，日积月累"的意思非常简单，人人都懂，但操作起来并不是那么容易。

翻开我们使用过的小学语文教学大纲、课程纲要、教学纲要、课程标准，"多读多写"从未出现过。这引起了我的思考。

"多读多写"是需要诸多条件的！让全体学生多读多写，对学校的资源配置要求很高，对老师的教学素养要求很高，对家长也有明确的要求。在过去很长一段时间里，中小学是没有多少藏书的，许多家庭也没有什么可读的书，尤其是农村，条件十分有限，多读多写，的确很难推进。

改革开放让全国人民的生活水平发生了巨大的变化，城市乡镇的家庭都能上网，电脑早已普及，智能手机就是一个小型电脑，"多读多写"所需的综合条件对于绝大多数地区、学校和家庭来说完全具备。因此，多读多写可以开始了。可以说，2011年版语文课程标准提出的"多读多写"标志着我国正式走进"多读多写"时代。

如何让全体学生"多读多写"？其实，我从2001年语文课程标准实验稿颁布之后就进行了多读多写的实验研究。在实验中，我发现汉字教学问题太多，直接影响了多读多写，所以我的这一实验又增加了"活性识字"。

[实验项目]

让100%的学生喜欢汉字、写作、阅读

[实验体系]

1. "251"新识字教学体系。小学阶段，我们的识字任务是认识常用汉字2500个。这些年，我进行了大量的阅读研究，发现很多老师把许多字教死了、教错了，新的识字教学体系如果再不建立起来，对不起祖先创造的每一个汉字。

我以"251"的谐音"爱我要",从汉字源流角度开启了新识字教学,即"2500个汉字,我要爱"。我个人觉得,语文老师应该与每个学生共"玩"每个汉字,因为我发现每个汉字都是永不褪色的世界名画。怎么做这一项目?方法非常简单,那就是教每个汉字时都要一一查阅字书,然后加上自己的思考,最终凝聚成学生能够接受的活性语言,有点创新意识地实施识字教学。

2."152"整本书阅读体系。因为喜欢阅读,我搜集到世界很多国家、很多民族每年的平均阅读量,发现我们的课外阅读量非常低,只相当于苏联、美国、日本、芬兰犹太人等国家的人的阅读量的十分之一、十五分之一。从2004年开始,我在班级里开展了每周读一本书(一年50本书的阅读计划)的实验,学生喜欢、学生家长喜欢,也得到了本校及省内外其他同行的认可。昆山、苏州就有50多所学校的老师与学生家长接受了我的培训,我还应邀至上海、河南、河北、山东、山西、陕西、四川、江西、广东、福建、新疆、西藏、中国香港、马来西亚等学校讲述儿童阅读。

随着研究与实践的全面展开,我又将每周读一本书转化成"152"整本书阅读教学实践。

"1"指第一学段读完"1000本"图画书。由于我国0~6岁的整本书阅读还没有全面研发,因此这一关键期读图画书还没有引起更多的幼儿园重视。图画书的发明创造、儿童阅读的新理论证明这一形式的阅读是必不可少的。一本图画书,老师、父母大声读给孩子听,只需要10多分钟,一天读三五本,学生们都不会厌烦的。两年七百多天,1000本图画书的任务一定能够超额达成。

"5"指第二学段读完"500本"桥梁书。桥梁书也是国外儿童文学作家伟大的创造。这类书,图文比例1:1,每本字数在1500~20000

字之间，每天学生只要拿出20分钟时间，就可以轻松读完一本，两年时间读完500本不会有任何压力。目前，我国翻译出版的桥梁书已经超过5000种，我国儿童文学作家创作的桥梁书也有千余种了。

"2"指第三学段读完"200本"纯文字的100～200页的童书。这类书有很多，比如中国百年百部儿童文学经典系列图书，美国纽伯瑞儿童文学奖、世界安徒生文学奖等作品。世界各国也都有自己的经典文学作品。我国翻译了很多，比如法国的儿童哲学书，还有韩国开发的《儿童哲学第一书》（50本），从儿童文学的视角写了50位世界大师……实践证明，这些书没有几个孩子会拒绝。

3. "512"儿童写作教学体系。"512"就是我要爱写作。"5"，指每天写5行日记，"1"指第二学段课内作文每篇不少于1页纸，"2"指第三学段课内作文每篇不少于2页纸。

小学六年，每年努力在多种媒介上最少发表5篇文章；要把100篇好文章（60余次课内习作及自己选择的40篇课外好文章）合在一起装订成"一本书"；第二、三学段每年读完50本书；能与200本书进行200次对话（200篇可长可短、多种类型的创意读后感）……

4. "125"课文教学新体系。就是将一册教材的课文经过重组确定4个单元，每个单元3篇课文，共12篇课文，每篇课文以不少于5课时的方式来教学。5～12课时中有2～3课时涉及整本书阅读及写作的教学。

5. 整本书阅读评价体系。

（1）小学生整本书阅读目标：高速阅读（100～200页的书，40～60分钟看完）。

（2）把1000本图画书、500本桥梁书、200本100～200页的优秀经典童书一页一页地翻着看完，并做简单记录。

（3）每学期与读过的书合张影，即拍读书等身照。

（4）每一学期最起码完成一份读书报告；每学期把读过的书转化成几首童诗；每学期能写几篇有想法的读后感。

（5）如果可行，每学期参与一次整本书的剧本表演。

[实验价值]

1. 作为中国小学语文老师，应该把2500个字教活，应该让小学生认识到汉字是世界上最美的文字之一，学习、使用汉字是令人骄傲的事。应把每个汉字藏着的文化、智慧做成PPT，让它们非常有灵性地呈现在学生面前。

2. 目前在我国，课文教学还存在着这样那样的问题，整本书教学还处于研究起点阶段。每周读一本书，人人都能做到，关键需要老师与家长达成共识，扎实去做。实验至今，我已经给数十万名老师和学生培训过，许多家长接受了这一实验理念，认识到每周读一本书的价值。

3. 我国中小学语文老师在师范院校大多没接受过正规的写作专业化培养，因此在写作教学上存在着很多问题。只要我们多读写作学，以专业的视角教学生写作，"让100%的学生喜欢写作"的目标就能逐渐实现。

[实验成果]

这个实验项目让我5次获得江苏省基础教育教学成果奖、江苏省教科研成果奖。近20年实验发表文章500余篇，出版个人专著15部。最大的收获是让我知道了怎么才能教好语文，让全体学生喜欢语文。2019年4月18日，《人民日报》对我工作的单位进行了报道，题目叫《这里有群"读书等身"的孩子》，文中有近千字是关于采访我与我的学生及家长参与实验的成果，还有我们校长、教育局领导对这一成果的评价。

另外，每一年放假之前，我们学校都有初、高中学生返校看老师的情况。曾有两位初二的学生说了一件事：语文老师面向全班同学，让坚持写日记的举手。52 位学生只有两人举手。这两个学生都是我教的。假如这个班有 5 个学生是我教的，相信他们都会举起手来。因为我帮他们养成的习惯，相信他们绝对舍不得放弃。

没有想到，《义务教育语文课程标准（2022 年版）》将"多读多写"删除了！面对新课程标准，上面这个实验还能做吗？当然要做！因为每一届学生都需要。最近几年，我又有了一个新项目，名称为"学习任务群理念下的大单元'先写后教'变序教学实验"。这个实验能够让所教班级学生真正地爱上写作，而这个实验也是"让 100% 的学生热爱汉字、读写"的发展。

新课程标准里有很多项目，比如新识写字教学、新阅读教学、新表达与交流教学、新整本书教学、跨学科学习等。每一个项目，用上十年八年来做都不算长！研究一个，实验一个，肯定会有很多意想不到的收获。

5月20日
星期四
关键词：新明师

# 新课标·高端新培训·新明师

面对新课标、新教材，所有的老师再一次站在同一条起跑线上。所以，不管年龄大小，瞬间都成了新老师。新老师又如何瞬间变成明师，变成新明师呢？

过去，可以以不变应万变。面对新课标，可能有点难了。比如"学习任务群"已经难倒了很多人。而明师是不可能不读课标的，尤其《义务教育语文课程标准（2022年版）》更要读。

《义务教育语文课程标准（2022年版）》的第六部分"课程实施"里有个新内容，即"教学研究与教师培训"。这次的16门义务教育课程标准后面都有这一块内容。《普通高中语文课程标准（2017年版2020年修订）》中没有"教学研究与教师培训"，难道高中老师的素养比义务教育阶段老师的素养高，不需要"教学研究与教师培训"？难道他们只需要抓分数，不需要阅读、研究《义务教育语文课程标准（2022年版）》？

我看了数学学科的"教学研究与教师培训"，与语文的不一样。学科不同，内容肯定不会一样。语文学科的"教学研究与教师培训"，专家提出8条建议：一是坚持终身学习，提升专业素养；二是立足教学实践,提高教研水平;三是适应时代要求,提升信息素养;四是聚焦关键问题,推进校本教研;五是加强区域教研,推广典型经验;六是发挥制度优势,推进研修融合;七是依据课改理念,设计培训内容;八是采用多种方式,增强培训效果。一字一句地读每一条对应的内容,可以说句句良言。不过,这8条内容还是有些缺陷。

如何提高语文老师的专业水平?渠道有哪些?新课程标准给予老师五条渠道:一是读书,二是参加培训与研修活动,三是个人反思,四是同伴互助,五是专家引领。这五条的确很重要,但缺少"写作"。有人说个人反思不就是写作吗?在一线久了,你就知道许多学校规定老师写的反思多是应付型的。比如,老师上完课,学校要求老师在备课中写反思,学校怕增加老师负担,反思的文字一般要求写5行!"5行"能反思出来什么呢?其实,语文老师的专业化,写作是不能少的。对于老师来说,只有坚持数年如一日地写千字文,写更多的长篇教育反思,专业水平才能真正提高。

课程标准制定者建议老师读"语言学、文学、教育学、心理学等书",虽然"等"字包涵很多,但总觉得最重要的"写作学"不该模糊在"等"里。我国中小学生害怕写作有一个非常重要的原因就是很多老师从未读过写作学方面的书,在师范院校里也没系统学过专门的《写作教学法》,就连我国第一部写作学《文心雕龙》都没有好好读一遍。教学生写作是非常专业的事,专业的事要由专业的人来做。语文老师都不爱写作,都不常写作,怎么能使学生爱上写作呢?没有明确"教师写作"的8条"教学研究与教师培训",是有点对不起"语文"这个词的。

这8条建议最后3条全是"培训"。谁来给一线语文老师培训?一是课程标准制定团队;二是大学里研究小学语文教育教学的教授;三是各地语文教研员;四是一线名优教师。在这个信息时代,可以说每位老师早已经或主动或被动地进入各类培训场了。当下的老师年年都会接受

N场培训，效果如何？用堪忧来形容肯定不为过！为何？一言难尽。硬要说答案，大概有以下三条：一是培训者水平参差不齐，不少专家观点打架，所讲的理论要么太老，要么太新，所举的案例看似很好，其实是花架子，没啥实操性，经不起实践验证，针对性的培训太少太少了。专家讲完就走，名师上完就跑，你方唱罢我登场，热热闹闹。材料做好，宣传完成，培训结束。二是绝大多数老师是被动接受培训的，是被有关领导及有关部门逼着去培训的，要不是评职称、五年定期注册教师资格证需要继续教育学时，主动参加培训的老师微乎其微。所以，一次又一次地把全体教师集中到报告厅、网上接受全员培训，混了学时，其实都没过脑，等于全员没培训。三是学校老师因为年级组或者同在一个办公室，久而久之，一个个小团体形成了，这些小团体如世界大众心理学名著《乌合之众》描述的一样。该书作者法国心理学家古斯塔夫·勒庞说："群体中的人有两个共同的特点：首先是每一个人个性消失，其次是他们的感情与思想都在关注同一件事。相互传染，相互暗示，集体性催眠。"群体中的不少老师个个像催眠大师，用极具隐蔽的传染力、暗示力，让很多同事本来都有的读写基因沉睡。这三个方面的原因足以让老师主动把新理念、新方法、新技术排除于语文教学之外了。这也是教育上的内卷。但愿这一次新课程标准的各级各类培训不再内卷。

"主动与被动"真是一对独特的词。教师被动接受培训很多，学生被动学习也会很多，因为被动极具传染性。《义务教育语文课程标准（2011年版）》里有"12处"提到了"主动"，《义务教育语文课程标准（2022年版）》里却有"24处"提到了"主动"。说明什么？说明教育教学中师生共同"被动"之事是广泛存在的。如何培训，才能让老师们主动起来？这是一个比造宇宙飞船都难的难题。

我是一线小学语文老师，在教师进修学校工作了10余年，挤进"培训者"的队伍也有30年了，所以我知道如何做一名优秀的培训者。

在培训场上，常有老师让我讲述专业成长的故事。其实，我身上没发生过什么充满创意的成长故事，只是从工作那天起，一直没有停止写作、读书，努力把一件件事做得先让自己满意，即使评上特级教师、取得了正高级教师职称也没停止。不停止地写作、读书，这是最好的自我培训，也是自导式培训。而我坚持这么做也是要给女儿做榜样。我怕我的停止影响女儿的未来。讲这些话，大家几分钟就能讲明白。老师们给我掌声，说真实的故事感动了他们，改变了他们。另外，这10来年，我改变了许多家长和学生，因为给他们做了一场又一场高端读书培训。30多年的培训经验告诉自己，把一场场培训的内容做得高端化才最具吸引力。

自TED可以在网上免费观看以来，我看了六七百个了。每一个TED我都看得热血沸腾，为什么？因为讲述人都是精英，都是高手；因为他们讲述的内容一句废话都没有，都会在18分钟以内把精彩部分讲出来；因为所有的现场听众也都是精英、高手，他们认真听，快速领悟；因为每场TED会议，全球只有1000人能拿到门票，每张门票的价格为7500美元。

老师为什么不愿意主动参加培训？因为他们参加的教师培训大多是免费的，即使收费也就几百元，不高端！另外，中小学教育方面的培训者，尤其专门讲新课程标准的培训者都不是能上TED讲台的演讲者，他们不能在18分钟以内把课标的精彩讲出来。许多人用了180分钟也还没有把课标讲好。工作繁忙的老师能有多少个180分钟听你唠叨呢？

在"教学研究与教师培训"中，各级教研员被写入了课标。他们能不能给一线老师提供新课程标准高端培训，如TED一样的培训？这应该是许许多多一线语文老师的期盼。

新课标，需要新培训，需要高端型新培训。培训者要高端，参与培训者也应该高端，否则成不了新明师。

5月21日
星期五
关键词：新课堂

# 新课标对应着新课堂

我非常喜欢《30天写小说》！这是美国克里斯·巴蒂的作品（胡婷、刁克利译，中国人民大学出版社2013年5月出版）。1999年，克里斯·巴蒂创办美国小说写作月，这一年有不到100人参加了30天写一部长篇小说的活动。（5万字的小说就可以称为长篇小说）参加者每天拿出1个小时，写完1667个字就结束，连续写30天就可以完成5万字。这是一本让你跑上文学马拉松的书，是一场历时4周的艰苦而又令人兴奋的小说写作之旅。这本书很短，可以一口气读完。这本书公开出版时，已有100多个国家的近百万人参与到小说写作月活动中，很多人的作品也被出版并登上排行榜。30天，只要坚持就真的能完成。我30多年写作经历的最大缺憾就是没有写过小说，以后得学习这本书的智慧来一次30天写小说的经历了。

2022年4月21日，《义务教育语文课程标准（2022年版）》颁布了。我决定用30天的时间来阅读、思考。不知不觉中，30天到了！30天读、思课程标准，通透了吗？没有！愚笨的双手与大脑，仍然让我处在课标的皮毛部分。

新课标对应着新课堂，接下来的哪些课堂不能再像过去一样？

## 一、新识写字课堂

新课标的识写字要求，突出汉字的文化味，突出汉字里藏着的智慧，突出汉字美的教育。按理说，这不是新要求，识字、写字本来就该这样。是的，的确该这样！但，多少老师没这样做呀！要么教得简单，要么教得随意，要么教得很死。比如一年级上册，学生学的第一课是"我是中国人"。这五个字，要会读，要认识，要会写，最最重要的，活教中国字，就要从这里开始。比如"我"这个字，怎么教？

  图文字  甲骨文  金文  小篆

课堂上，要把字的演变过程展示给学生。甲骨文中，"我"像带齿的刀锯，可以用来屠宰牲畜，也是古代的刑具。篆书就特别像"我"了。我们的祖先为什么把"我"画成工具的样子？"我与我们"都是人，人与其他动物最大的不同就是人能创造、制造、使用工具来解决问题。我们所学的文字都是工具。"我"这个字告诉我们，一定要用文字去创造世界，写更多的文章、谈更多的书籍……

"是"这个字怎么活教？"中国"这个词又怎么教呢？"人"这个字要不要讲"人，天地之性最贵者也"？教好了，讲透了，入学第一天的小朋友就会牢牢地记住并明白"我是中国人"是什么意思。

再比如"幸福"之教，有老师是这样教的：

师：同学们，你们知道什么是幸吗？

生：幸就是幸福的意思。

师：说得不太对。我们一起来看看"幸"这个汉字。请同学们伸出小手，跟我一起写。

（生伸出小手）

师：上面是"土"，下面是人民币符号"¥"，代表有钱。幸福就是你得有钱，没钱就不幸福。

（生个个睁大眼睛）

师：在土里种着种子，收获了很多庄稼，是不是很幸福？所以幸福里面有"土"。古人说"土里生金"，"金"不就是钱吗？

生：是！

师：如果你很有钱了，是不是很幸福？

生：是！

师："幸"就是土里种了东西有收获，并且家里很有钱，或者说土里生出了很多黄金，有钱了，所以幸福。

（听课老师对这位老师如此教学报以热烈的掌声）

新课程标准来了，这样的"精彩"还能继续吗？"幸"字的演变过程如下。

图文字　　　金文　　　小篆

从这些写法中读者肯定会发现金文、篆书中的"幸"，下面像"羊"，根本不是人民币符号，《说文解字》中说："幸，吉而免凶也。"本义就是将重罪犯或死囚脚颈连锁，在重罪犯即将被处死时，突然得到赦免而能活着，这就是吉而免凶也。古人为什么要这样造"幸"呢？看那图文字，应该是"不幸"，当我们了解这个字的源流后，就知道这个字里藏着大智慧，即"幸"就是给人自由，与钱相比，是不是要高一个档次？而"福"字的意思就是给人祈福，你才有福。所以，你给人自由、给人祈福，别人才能给你自由、给你祈福。古人这样造"幸福"，是大思想，大文化，教成"有钱才幸福"，何谈思想、文化呢？

语文老师怎么才能教好每个字，上好真正的新识写字课？请用好《汉字源流字典》《汉字图解字典》《汉语大字典》《说文解字》等字书，每教一个字，好好查查，自己明白了再走进课堂。另外，一定要重视写毛笔字了，再不教学生写毛笔字，并与他们一起写毛笔字，真的对不起子孙后代。

## 二、新阅读与鉴赏课堂

阅读有狭义与广义之分，这里单指课文的阅读教学。多年来，我们一直用1~3课时教一篇课文，篇篇教得不通透，真的毫无新鲜感可谈了。

新课标把"阅读"变成了"阅读与鉴赏"，在任务群中，又把阅读分为"实用性阅读""文学阅读""思辨性阅读""整本书阅读"，其实"语言文字积累与梳理""跨学科学习"哪个又能离开阅读呢？

接下来的"阅读课"，如果没有鉴赏，此课肯定是老课；实用性阅读，如果没有上出"实用性阅读味"，没有把实用性阅读中的"实用性交流味"上出来，此课肯定是老课；文学阅读的"文学味"不足，肯定是老课，"文学阅读"过程中，课堂里没有"创意"，老师不能诱发学生进行"创意表达"，注定是老课；思辨性阅读，整个课堂一点"思辨味"都没有，老课也，思辨性阅读，没有把思辨性表达展示于课堂，同样是老课；整本书阅读，如果还像"快乐读书吧"那样教整本书，老课也。真正的"整本书教学"是什么样子的？不深入探讨，这样的新课堂是无法建立起来的……

也许我的这种思考是错误的，或者说是不恰当的。但当我们面对新课标时，面对与时代同行的学生们时，我们那旧有的阅读教学模式真的不需要改变吗？

在一线教语文，我非常清楚这种改变相当困难。因为我们的教材课文量太大，而一篇篇非常经典的课文承载的居然是小任务、低阶思维的任务、浅任务、几乎看不出任何综合味道的任务，所以，老师们没有办法用更多的时间来把一篇篇课文教通透，只能用专家们倡导的"一课一得，长文短教，难文浅教"来糊弄一批又一批学生。甚至有专家还说，"不要较真""简简单单"教足够了，能考个学生、家长等共同满意的分数就行。分数是生命线，教通透不是生命线，教通透，深度学习，能保证考高分吗？这就是现实，教师教学用书建议你用1~3课时教课文，用2~3课时教精读课文，用1课时教略读课文，你严格遵守这条法则就行，就这样教，全国老师都是这样教的，不要逞能，你这样教了，不犯错！

众所周知，传统的教材单元结构是这样的：几篇课文+口语交际+习作+"语文园地"。那新教材的"实用性阅读与交流""文学阅读与创意表达""思辨性阅读与表达"单元，会不会与传统的教材单元结构一样？如果一样，接下来的教学肯定还是教完三四篇课文（每篇课文用1~3课时），再用1课时完成"交流"的教学任务，再用2~3课时完成"表达"的教学任务，最后用2课时完成"语文园地"的任务。这一线性教学结构不改，教学及质量肯定还是老样子。新课标在阅读方面变化非常大，如果新教材每册还是26~28篇课文，不是10~12篇课文，可以说新课标中阅读的那些新变化很有可能只能躺在课标里，而无法走入课堂。

我相信，新阅读与鉴赏课堂一定会随着教材的变革而生长。

### 三、新表达与交流课堂

写话、习作、写作、口语交际，合并成"表达与交流"，接下来的课型能不变吗？在过去的教学大纲、课程标准中，专家将写作肢解为"写话、习作、写作"，目的是降低写作难度，让学生不再害怕写作。几十年实践下来，可以说没有任何效果，因为大部分学生仍然讨厌写作。新课标修改了这一做法，让"写作"重新回到"写作"上，回到"表达与交流"上，还"请"来了"创意""创作"。把诗歌、小小说、脚本、多类型报告、成长故事（自传）等文体也大大方方地"请"来了。把第二学段的"日记"延伸至第三学段……面对这些变化，你还会无动于衷，继续操着传统的"习作教学法"大谈特谈习作，来教现在的"表达与交流"吗？

多少老师与我一样，从来没有过诗歌、脚本、小小说、多类型报告的写作、创作经历，怎么教学生完成这些任务？我们还能继续糊弄吗？

为什么中小学写作那么难教？主客观原因都有。看我国中小学语文教材上的"习作""作文"，这些内容编写的专业化程度真的不高。这不是批评，而是真话。看现在的统编小学语文教材，一次习作只占1页纸！虽然每册还有一个习作单元，但整体来看实操性不强！简单地说，现在教材上的"习作""习作单元"都是教材，都还不是学材！一次习作，应该按照"教材＋学材"的方式来编，最少也得编6页纸以上（美国等国家的一次习作，有的教材多达20页）。每一次习作，教材上都该有"为什么写，怎么写，怎么写好，写好本次习作需要读什么书，本次习作需要就哪些话题与谁做讨论，习作写完之后如何展示，老师该干什么，家长要做什么，学生要干什么……"教材一定要细化，细化才是专业化！老师与学生对这些清清楚楚了，每一次的习作教学才能高效运行。

只有教材中的习作编得非常专业化了，老师教起来才容易，学生才有可能爱上写作。教材过于简单，老师就只能用简单的教材简单化地教习作，只能按部就班地用2~3课时不痛不痒地教一个单元的习作。这种非专业化的思维是无法让全体学生爱上写作、懂得创意，并写出高质量的作品的。所以，新表达与交流课堂，同样应该从教材的大变革开始。

**四、新"整本书"课堂**

新教材肯定有"整本书阅读"单元，有了这一单元老师们怎么教？按照"快乐读书吧"那样教"整本书"行吗？（统编小学语文教材使用至今，有很多学校、很多老师根本没有按照整本书教学的思维来教这些书呢！）因为统编教材里有"快乐读书吧"，我国还是有不少团队研究了这些课怎么上，市场也有了这样的专著。这些教法适合新教材"整本书阅读"吗？全盘否定肯定是错，将其作为整本书阅读教学的一个环节来使用可行，作为全部肯定不妥。

关于整本书教学，不少老师念念不忘用"不动笔墨不读书，作批注，写读后感，摘抄优美词句或段落"等方式引领学生读书，这需要变革吗？肯定要变革。比如读后感教学就需要大变革。统编小学语文教材五年级下册第二单元读后感写作非常模式化，如果只以这一种方式写读后感，学生肯定不喜欢。

读《朱小蔓与朱小棣跨洋对话》，朱小蔓教授问弟弟："你在美国这么多年，为什么美国中小学生整体创造性远远超越我们？"朱小棣说："美国中小学培养学生的创造性有很多办法。首先是美国非常注重阅读和写作，而阅读和写作是很能培养创造性的。读书以后通常要写读后感，仅读后感的写作，美国老师就是让孩子用很多种模式写。比如，一种是想象自己就是作者，写一封信给朋友，介绍这本书；一种以书中主角的口吻来写几篇日记，通过日记反映出书中的主要内容；还有一种是假设你组织了一个活动，请作者来参加，你作为主持人，向听众介绍作者和他的书等等，非常灵活。"

韩国陈庆惠女士在其著作《妈妈学校：写作》中，用了近百页讲述读后感写作。陈庆惠提出了"阶段性读后感写作"。她教育儿女每周都要读一定量的书，然后让他们挑选出最喜欢的一本写读后感。并且告诉我们，让孩子写读后感，不是把笔和纸扔给孩子，要会引导孩子写读后感，以消除孩子对写作的恐惧。什么是阶段性读后感？什么时候写读后感？陈庆惠认为，从3岁开始，从他们能用蜡笔画画开始。第一阶段：用蜡笔画读后感。第二阶段：让孩子为图画配上一些单字读后感。第三阶段：学会给图画配短句子读后感。第四阶段：出一些简单的问题给孩子，让孩子将自己的想法写成读后感。第五阶段：出一些难一点的问题给孩子，让孩子将自己的想法写成读后感。第六阶段：自主写读后感。

关于读后感写作，如果能加上一些创意，学生就会因为这些创意而喜欢上写作。以下10个创意题目能激发学生写出意想不到的好文章。你可以试试看。

1. 如果让你给书里的人物发奖，你会给谁发奖？或者会给哪几个人物发不同等级的奖？为什么要给这人、这些人发奖？

2. 看看书的封面，你觉得设计得如何？这封面与这本书的内容匹配吗？如果让你来设计，你会怎么设计呢？为什么？

3. 一本书里有那么多人物，很有可能其中某个人物相当孤独，怎么能让他不孤独呢？如果你想送一个礼物陪伴他，会挑选什么礼物呢？

4. 你喜欢的人物在书中穿什么鞋子？很有可能没有介绍。你既然喜欢他（她），可不可以送他（她）一双鞋子？你准备送他（她）什么样的鞋子？

5. 如果让你成为书中的一个人物，你想成为谁？如果你变成了这个人物，你是否想改变一下故事情节？如果想，准备怎么改？或者你直接进去，不想成为任何一个人，就想成为自己，你想出现在哪个章节里？想在里面做什么事呢？

6. 如果允许给书中的主人公送一件很特别的礼物，你想送什么呢？

7. 书中的某个人物给你寄来了一个包裹，你觉得里面会是什么东西呢？你是怎么做出判断的？你想用这个礼物来做什么呢？

8. 如果书中出现的某个人物突然有了魔法，你想让他（她）在哪个地方、对谁施魔法？使用魔法之后，故事会有哪些变化呢？

9. 如果让你去掉故事中一个人物，你准备去掉谁？为什么要去掉这个人物？去掉这个人物后，故事会不会发生变化？

10. 想象一下，故事中的主人公10年、20年后会是什么样子的？请写出来。

新整本书教学，对于当下所有的语文老师来说是个难题。一篇篇课文教学还有这样那样的问题，整本书怎么教？这个难题需要每位老师自己来破解。

新课标对应着新课堂，除了上面四个"新"，还有哪些需要"新"？新课堂教学评价；课都变了，作业也得变，新课堂作业当然也要重新建构。学业描述以前没有过，这肯定是新的，怎么描述呢？跨学科学习来了，怎么跨呢？这也非常新！

# 后记

## 不读课标能不能教书、教好书？

不读课标能不能教书？能！不读课标能不能把书教好？肯定能！

读了课标就能教书？未必！读了课标就能教好书？同样未必！

我国制定各学科教学大纲、课程标准也就百年时间，很短暂。我国上下五千年的教育教学绝大多数时间没有执行任何标准，教育教学行业停止过吗？没有！

一些发达国家颁布的各学科课程标准，只不过比我们早几十年，也不长！在发达国家没有标准的时代，教育教学活动也没有停止。

孔子、鬼谷子，没有读过课标，哪个不是弟子数千、圣贤 N 位？千年来的私塾老先生们，没有课标，不照样育出举人、进士、状元吗？鲁迅、胡适、蔡元培、李大钊、陈独秀等小时候的老师，谁读过课标？没读过课标，照样教书，并且还能把书教好，比如钱穆先生、林良先生。先看看钱穆先生是怎么教作文的。

又一日，命诸生各带石板、石笔、铅笔及毛边稿纸出校门，至郊外一古墓，苍松近百棵。命诸生各自择坐一树下，静观四周形势景色，各自写下。（布置任务，直接写作，老师也相信学生能写）

再围坐，命诸生各有陈述。何处有人忽略了，何处有人遗忘了，何处有人轻重倒置，何处有人先后失次，即据实景互作讨论。（自主交

流、讨论，老师在倾听中发现问题）

余又告诸生："今有一景，诸生多未注意。诸生闻头上风声否？"因命诸生试各静听，与平时所闻风声有何不同。诸生遂各静听有顷。余又告诸生，此风因穿松针而过，松针细，又多隙，风过其间，其声飒然，与他处不同，此谓"松风"。试再下笔，能写其仿佛否。（老师针对学生共同存在的问题来教）

诸生各用苦思写出，又经讨论，余为定其高下得失。经半日，夕阳已下，乃扬长而归。（学生再改，老师再教，最终好文形成，任务完成）

如是，诸生乃以作文课为一大乐事。竟问，今日是否又要作文。（喜欢写作，爱上作文课）

钱穆这样教作文，比有教师资格证、教了几十年语文、特别爱用"宿构""套作"教学生作文的老师，比读过 N 部课标的老师、专家，不知道要好多少倍。这些年，我国数百万名中小学语文老师，看了课标，接受了一场又一场课标培训，其作文教学又有几人超过钱穆先生？又有几位老师所教的学生喜欢上了作文？

下面再看一看林良先生的故事。

二十岁那年，日军引爆了"太平洋战争"。一家六口的生活，靠父亲一个人是不行的。作为长子，我有责任出去找工作。好心的亲戚，介绍我到一所乡间小学当"代用教员"。校长让我白天教四年级的语文、算术，晚上教"民教班"的成人读书。我没有任何教学经验，白天勉强应付过去，因为有热心的小学生会告诉我之前的老师是怎么教的。夜间教的是农村里不识字的大人，不知道应该怎么应付。第一天上课，主任不放心，亲自到学校来督阵。

民教班课本第一课的课文里只有四句话。我只会拿起课本念，用普通话念一句，用方言翻译一句。一遍、两遍、三遍，念完三遍，接下去就不知道该怎么办，僵在那里，脑子一片空白。学员们也不知道该怎办。后来，有一个学员说："老师教完了，放学让我们回家吧！"我同意放学，学员们欢呼着走出教室。主任却从办公室冲出来，大喝一声："回来！都给我回来！"

主任满脸怒容地对学员们训话，并在学生面前数落了我，羞辱够了，主任开始讲课。我本来想走开，怀着"看他怎么教"的心情，让我站在那里不动。主任教得有板有眼，我也看出他的一些路数。这也是我生平第一次那么认真客观地研究一位资深教师的一场教学活动。

那天晚上，回到家里，就把自己关在小房间里，手握笔管，摊开几张纸。开始要为自己上课的百分钟安排适当的活动。我借助桌上的一个老旧闹钟，试验一分钟可以说多少句话；假想自己在黑板上板书三个字，可能耗去多少秒钟。我想到，应该让一百分钟里的每一分钟都有计划好的教学活动。为了帮助学员们了解课文的精神，应该给学员讲讲那些必要的背景知识。中国字，每一个字都有它的形状特征，这需要讲。学员们也该当堂练习书写，要给他们写的时间。反复想，终于想到了用什么方法，才能让学员们了解写好每个字的笔画顺序。接着就想到怎么用夸张风趣的说法，让学员们了解中国字的"间架"。

一边规划，一边核算时间，完成了一份"教案"的框架。接下来，我把计划对学员说的话，一个字一个字地写下来，写好了再一个字一个字地念，认真修改，用心考虑学员们听得懂听不懂的问题，甚至连一上课要对学员说的哪几句话也都写下来了，而且还一再动笔修正，不但力求动听流畅，还要让学员听得明白。又动笔，又动脑，又查字典，又看地图，终于整理出一份十七八页的完整"教案"。当把"教学脚本"整理好的时候，天色已经大亮。

当天晚上，我第二次走进课堂。主任坐在教室的最后一排监督。我依照脚本，"迈着稳健的步子"一项一项地依计划进行。我讲话的时候，学员听得入神。我要求学员所做的活动，学员都跃跃欲试。主任坐在后排，看得目瞪口呆。放学的时候，学员不自觉地站起来致意。主任从后排冲到我面前，拉住我的手说："太好了，太了不起！太好了，太了不起！我从来没……我从来没……"学员们都回家了。主任抱着我的肩膀，陪我走到校门口，然后亲切地跟我告辞。我终于洗雪了蒙受的羞辱。

——节选自林良《那个火车头》

林良先生是一位非常著名的儿童文学作家。他上好课，只需要一个晚上。啥课标都没读，教得非常精彩！第一天主任气得吐血，第二天主任却对他刮目相看！这些年来，多少老师上教研课、公开课、示范课、比赛课，看课标，析课文，这里试上，那里试上，反反复复，苦思冥想，改来改去，请这个听，请那个听，选这首音乐，用那首古曲，做这个课件，插那张图片……学生与专家、老师们听下来，虽然没吐，但看着老师们拿着奖杯，领着证，高高兴兴，大家共酌一杯，其乐融融的样子，真是五味杂陈。一个人的活动花费了多少人的心血？林先生的做法对我们这种教学行为难道没有点讽刺之味吗？

如果我们老师都如钱先生、林先生，读不读课标真的无所谓。但千万名中小学老师又有多少人已经达到或超过了钱先生、林先生的水平？

每一年，社会上都有很多让人扎心的事发生！新课程标准发布后的一个月里，有两件事值得思考：一是重庆熟肉赔偿案，二是长沙楼房倒塌。

重庆熟肉赔偿案中的毛妈妈以后会不会钻食品标准的空子，还是不贴食品标签这不好说。因为我国有无数的企业想尽办法利用标准的漏洞（钻空子）谋大利呢！

长沙楼房倒塌，53个人的生命没了！这就是不按照标准做事的惨剧！世界各国，如果所有的桥梁、公路、铁路、楼房等建设都没有标准，那世界会怎样？

现在各行各业都有了标准，还会不断地修改标准，创造新的标准。

有了标准，不遵守，想怎么做就怎么做，为所欲为，估计天天都会有大量的生命被剥夺！

亲爱的老师们，亲爱的专家们，今天的我们，真的希望自己的住房、自己的车、乘坐的飞机、买的菜、吃的饭、走的路、穿的衣，都在无标准的情况下生产出来吗？

有人会说，我们谈的课程标准，是语文课程标准，请不要偷换概念。这叫偷换概念吗？课程标准早就"倡导少做题，多读书，读好书……"我们教育部门、学校、老师，不也集体性地钻课标的空子（"倡导"就是可遵守可不遵守），让学生多做题、少读书吗？

其实，当下所有的老师也都是按照"标准"教书的，这个"标准"是什么呢？小学，是当地教育主管部门出的期末考试试卷；初中，是中考试卷；高中，是高考试卷。如果你不读试卷，连试卷标准都不知道，你还说不读"标准"也能教书、教好书吗？大家只不过正在读着用着此标准，觉得彼标准只不过是另外一套理念、建议而已，能生蛋的是此标准，不是彼标准。

另外，"多媒体进入课堂"，现在还会有多少专家学者排斥？如果你的学校有20年前的《中国教育报》，查查看，有没有"多媒体进课堂大讨论"的内容。那时候，很多专家学者坚持认为，没有多媒体照样上好课。后来，我关注了这些专家，他们上课、讲座没有一位不用PPT的。这是不是很可笑？多少专家嘴上说一套，行动又是一套！我那时候也参加了讨论，我发表的文章是《假如孔子是今天的老师》。我在文中说，假如孔子是今天的老师，他肯定用多媒体。为什么？因为孔子是教育家型老师！教育家型老师怎么可能会拒绝人类伟大的发明创造？老师不是守旧的代名词，老师要么要与时代同行，要么就走在时代的前列。

面对新课标，假如孔子是今天的老师，你说孔子看不看课标？孔子会不会说不看课标照样上课、上好课？他肯定会研读课标，肯定不会有这种不看课标也能上课、上好课的言论。孔子如果在今天会不会写论文？会不会参加职称评定？他如果活在当下，怎能不写文章不写书？他在那个时代都能到处游学，今天的他如果没有资格证，没有职称，他何以敢走四方？

好多年前，我读过美国老师如何对待课程标准的资讯。在近20年的教师培训中，只要涉及课程标准主题，我就把下面一段话读给老师听：

在美国，国家《英语语言艺术标准》已经成为衡量老师的母语教学水平和教育质量的重要标尺。老师可以灵活处理教学内容，但是无论怎么教学，都必须遵守课程标准。走进美国语文课堂，可以看到这样的景象：教室的墙壁上贴着课程标准，黑板上写着课程标准，家长拥有课程标准；老师教学为了实现课程标准的要求，各州标准化统一考试紧扣课程标准。课堂教学处处围绕课程标准展开。课程标准几乎成为美国语文课程教学的'圣经'。处处有标准，时时看标准，课程标准已经成为美国语文教育人士开口必谈的话题。

建议老师对此琢磨琢磨。

我用30天的时间读新课程标准，读至20天时，自我感觉这本书假如能出版，对一线老师肯定会有点帮助，尤其是"学习任务群"的思考与实践。我把20天粗稿发给张永群主任，张主任马上回复。这是我在济南出版社出版的第二本书，感谢济南出版社的领导及编辑老师对拙作付出的心血！我会继续努力的。

高子阳

2022年6月2日

# 参考文献

[1]王爱娣.美国语文教育[M].桂林:广西师范大学出版社,2007.

[2]中华人民共和国教育部制订.义务教育语文课程标准(2022年版)[M].北京:北京师范大学出版社,2022.

[3]杨光富.《美国州共同核心课程标准》实施新进展[J].外国教育研究,2015(1)98—108.

[4]高子阳.与孩子共读共书[M].济南:济南出版社,2021.

[5](美)丹尼丝·L.马图卡.图画书宝典[M].王志庚译.北京:北京联合出版公司,2017.

[6](日)佐藤学.教师花传书:专家型教师的成长[M].陈静静译.上海:华东师范大学出版社,2016.

[7]林良.那个火车头[M].福州:福建少年儿童出版社,2021.

[8]中华人民共和国教育部制订.普通高中语文课程标准(2017年版2020年修订)[M].北京:人民教育出版社,2020.

[9]潘新和.潘新和谈语文教育[M].南京:江苏凤凰科学技术出版社,2018.

[10]曹勇军,傅丹灵.中美写作教学对话十五讲[M].上海:上海教育出版社,2018.

[11]陈忠实.人生就是欢声和泪盈[M].贵州:贵州人民出版

社,2018.

[12]陆志平.义务教育新课程资源系列 语文学习指南(一年级上册)[M].北京:现代教育出版社,2018.

[13]高子阳.跳出语文教语文[M].北京:光明日报出版社,2014.

[14](美)萨莉·施威茨.聪明的笨小孩[M].刘丽,康翠萍等译.北京:北京师范大学出版社,2020.